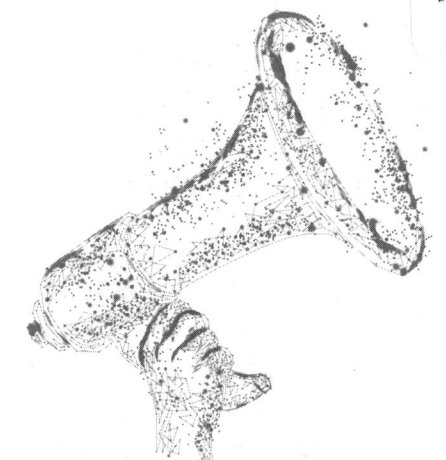

私域流量运营

用户增长的制胜法宝

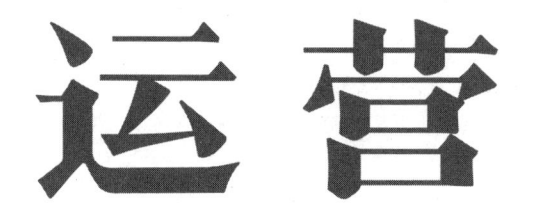

韩丽 / 著

电子工业出版社
Publishing House of Electronics Industry
北京·BEIJING

内 容 简 介

"私域流量"一词在这两年变得流行起来,很多企业都开始在自己的生意版图上布局了私域流量。很多企业会用公域流量运营的逻辑去运营私域流量,结果事倍功半。这就是我撰写本书的初衷:从企业角度出发,思考如何搭建私域流量池并长期运营。

本书讲解企业搭建及运营私域流量池的方法。运营者可以通过本书的学习实现对私域流量池的高效运营。

本书首先对私域流量的定义及适合的行业进行系统剖析,然后从引流、裂变、留存、转化四个部分对私域流量运营的全过程进行深度解析,同时对常见的 3 个私域流量池载体(个人微信号、微信社群和微信公众号)的应用进行深度阐述,帮助读者系统化地了解私域流量运营。此外,本书还按线下企业和线上企业分类,分别讲解它们对应的私域流量运营方法,最后介绍私域流量时代给人们带来的改变,融合经典案例深入浅出地帮助读者掌握私域流量运营。

本书适用于从事市场营销及用户运营工作的读者、想获取用户并运营用户的企业主,以及对私域流量感兴趣的读者。

未经许可,不得以任何方式复制或抄袭本书之部分或全部内容。
版权所有,侵权必究。

图书在版编目(CIP)数据

私域流量运营:用户增长的制胜法宝 / 韩丽著. —北京:电子工业出版社,2021.5
ISBN 978-7-121-40881-6

Ⅰ. ①私… Ⅱ. ①韩… Ⅲ. ①企业管理-网络营销 Ⅳ. ①F279.23

中国版本图书馆 CIP 数据核字(2021)第 055675 号

责任编辑:石　悦
印　　刷:三河市龙林印务有限公司
装　　订:三河市龙林印务有限公司
出版发行:电子工业出版社
　　　　　北京市海淀区万寿路 173 信箱　　邮编:100036
开　　本:720×1000　1/16　印张:15.75　字数:236 千字
版　　次:2021 年 5 月第 1 版
印　　次:2021 年 5 月第 1 次印刷
定　　价:59.00 元

凡所购买电子工业出版社图书有缺损问题,请向购买书店调换。若书店售缺,请与本社发行部联系,联系及邮购电话:(010)88254888,88258888。
质量投诉请发邮件至 zlts@phei.com.cn,盗版侵权举报请发邮件至 dbqq@phei.com.cn。
本书咨询联系方式:(010)51260888-819,faq@phei.com.cn。

前　言

2020年是深圳经济特区成立的第40个年头。"创业"已经不是新鲜词了。我身边的很多朋友始终对创业有热情，但是由于项目失败、经营不善，导致破产的大有人在。身为创业大军中的一员，我想各大企业都需要建立强大的防护网来防范和抵御风险，而维护好企业的每个用户是必修课。

随着移动互联网时代到来，线上行业在短短的几年内呈现了井喷式的发展。从最初的移动电商到后来的社交流量，再到直播互动，移动互联网的每一次浪潮，都离不开对私域流量的运营。

私域流量这个概念是在2016年1月阿里巴巴集团召开的首次管理者内部会上被提出的。阿里巴巴集团CEO张勇当时鼓励商家建立自己的数据流量池，这个提议对私域流量的发展有着里程碑式的意义。

在会议上，张勇表示要鼓励商家去运营私域空间，同时也要鼓励所有业务团队去创造私域空间，把自己的流量运营起来，把KOL账号的流量运营起来。与此同时，从2017年至2018年，淘宝商家们开始挖掘淘宝站外的流量。活跃流量大、内容曝光度强、准入门槛低的微博成了早期私域流量运营的海洋。当时，一些淘宝商家在微博上积累粉丝，把他们引流到淘宝上实现流量变现。随着微博的用户量饱和、流量变现难度越来越大，淘宝商家们以同样的思维方式转战新的流量平台，继续搭建自己的私域流量池。

吴晓波曾在"预见2019，国运即人运"的跨年演讲上预言，由于平台流量越来越贵，私域社交流量将在 2019 年出现井喷。

是的，2019 年是私域流量运营的爆发期。

微信是继微博之后私域流量的新繁殖地。"朋友圈+公众号+微信群+小程序"的组合宣传，很快成了成千上万个商家搭建自己的私域流量池的方法。

2019 年 4 月，腾讯针对零售业提出".com 2.0"，"私域"成了该业务的关键。几乎同时，腾讯还投资了 SaaS 服务商有赞，后者从提供系统工具、经营指导、营销获客和人才培训四个维度来帮助商家搭建私域流量池。2019 年 6 月，天猫启动"旗舰店 2.0 升级计划"，帮助商家全面转向对"人"的运营，这个"用户逻辑"本质上也针对私域流量运营。除此之外，不少直播、短视频平台也开始纷纷支持发展"私域流量"。

2020 年，随着线上公域流量的红利逐渐消失，电商开始进入深度存量时代，再加上短视频红利的出现，越来越多的企业开始搭建私域流量池做直播带货。

从早期的官方网站到微信公众号，再到抖音短视频，企业一直都愿意利用新形态的媒介触达用户。私域流量运营可以让企业更加直接地触达用户，只有直面用户，才能了解用户需求，推动企业发展。

随着时代的快速发展和变革，似乎一夜之间，移动互联网就成了主流，又一夜之间，用户已经被一些企业抢夺了。现在就是存量市场的时代，新用户获取更艰难了，我们应该怎么办？同行间只能一直内卷化竞争吗？企业应该如何发展？希望私域流量运营的思维可以帮你获取一种全新的视角。

最后，如果你也有对私域流量运营的思考，欢迎与我交流、探讨。

韩　丽

2020 年于北京

目　录

第 1 章　企业需要打造自己的私域流量池 ··· 1

 1.1　私域流量是什么 ·· 7
  1.1.1　"我把你当作好友，你却把我当作私域流量" ··························· 7
  1.1.2　企业做私域流量运营要打造陪伴型品牌 ······························· 11
 1.2　私域流量的兴起 ··· 13
  1.2.1　增量市场 vs 存量市场 ··· 13
  1.2.2　把客户关系管理全流程搬到微信环境中 ······························ 15
 1.3　通过私域流量运营打造用户流量池 ·· 17
  1.3.1　通过 AARRR 模型算一算私域流量运营的账 ························ 17
  1.3.2　从流量思维到用户思维的巨大转变 ··································· 20
  1.3.3　企业管理者或用户运营人员应该思考以下这些问题 ················· 21
 本章小结 ··· 22

第 2 章　哪些行业更适合做私域流量运营 ··· 23

 2.1　在移动互联网时代，所有的生意都值得重做一遍 ···························· 27
  2.1.1　现在的生意不难做，只是以前的生意太好做 ························· 27
  2.1.2　线上企业和私域流量运营的碰撞 ······································ 28
  2.1.3　线下企业和私域流量运营的碰撞 ······································ 34

2.2 私域流量运营模式不是微商模式，也不是销售模式 37
2.2.1 私域流量运营模式不是微商模式 37
2.2.2 私域流量运营模式不是销售模式 39
2.3 企业搭建私域流量池要做哪些准备 42
本章小结 47

第3章 私域流量运营四部曲：引流—裂变—留存—转化 49
3.1 引流：在移动互联时代，用户为王 50
3.1.1 实体店铺引流——将线下用户引流为线上私域流量池的一部分 52
3.1.2 地推引流——更低的流量成本 54
3.1.3 广告引流——广告投放有一半是没用的吗 56
3.1.4 电商引流——你收到过这种引流小卡片吗 57
3.2 裂变：用"银行复利"思维玩转私域流量运营 61
3.2.1 社群裂变——你一定被拉进过某个微信社群 62
3.2.2 微信公众号裂变——邀请助力就是微信公众号裂变吗 64
3.2.3 个人微信号裂变——你愿意配合转发到微信朋友圈吗 66
3.2.4 小程序裂变——你帮朋友抢过火车票吗 70
3.2.5 App裂变——你领到拼多多的红包了吗 72
3.3 留存：流量只是过客，留存才是核心 74
3.3.1 留存策略（一）——精细化用户运营 74
3.3.2 留存策略（二）——内容为王 75
3.3.3 SOP让你少走一半弯路 77
3.3.4 如何选取留存评估指标 78
3.4 转化：一切不产生转化价值的流量都是无效流量 79
3.4.1 转化源于信任 79
3.4.2 好的转化需要创造用户需求 82
3.4.3 如何让用户产生冲动 82
3.5 私域流量运营的路径设计 86
本章小结 91

目 录

第4章 如何用个人微信号做私域流量池的载体 93
4.1 你真的了解个人微信号吗 94
4.1.1 个人微信号的流量成本及收益核算 96
4.1.2 个人微信号的典型应用场景 102
4.2 搭建个人微信号体系 105
4.2.1 搭建团队,确认运营目标,设置流程 105
4.2.2 "人设"是什么 106
4.2.3 个人微信号的内容图谱 108
4.3 这些公司用个人微信号搭建了庞大的流量池 111
4.3.1 西贝莜面村是如何快速沉淀用户的 111
4.3.2 完美日记是如何让生意变得好做的 114
本章小结 122

第5章 如何用微信社群做私域流量池的载体 123
5.1 社群营销的兴起 124
5.1.1 社交电商和教育行业为何如此热衷于社群营销 127
5.1.2 社群营销的优势:更低的流量成本+更高的转化率 130
5.2 我的企业适合做什么样的社群 132
5.2.1 企业希望通过社群达到什么目的 133
5.2.2 微信社群为什么会对用户产生强黏性 134
5.3 社群的内容与活跃 138
5.3.1 社群为什么会死亡 138
5.3.2 社群定位与内容策略 140
5.3.3 提高管理效率的N种工具 143
本章小结 145

第6章 如何用微信公众号做私域流量池的载体 146
6.1 企业的微信公众号要服务于有质量的用户增长 147
6.1.1 企业的微信公众号应用误区 148
6.1.2 流量成本核算、收益核算与行业适用度 155

6.2 如何搭建以微信公众号为载体的私域流量池·······························159
    6.2.1 团队的人员配置、团队目标、私域流量运营的流程设计·······160
    6.2.2 微信公众号的内容图谱·······································164
6.3 这样做活动，粉丝 7 天增加了 50 000 个·······························168
本章小结···171

第 7 章 线下企业的私域流量运营 173

7.1 实体店铺难道要关掉吗···174
7.2 线下企业的私域流量池搭建···177
    7.2.1 线下企业的用户沉淀到哪里···································177
    7.2.2 线下企业引流的诱饵如何设置·································179
    7.2.3 线下企业的补贴逻辑如何设置·································183
    7.2.4 团队、目标、流程如何设计···································186
7.3 线下企业的私域流量运营案例拆解·····································187
    7.3.1 线下商超和连锁实体店铺如何搭上私域流量运营的顺风车·······187
    7.3.2 线下餐饮店如何利用私域流量运营实现突围·····················192
    7.3.3 其他行业的实体店铺怎么做私域流量运营·······················195
本章小结···196

第 8 章 线上企业的私域流量运营 197

8.1 公域流量和私域流量组合运营···197
    8.1.1 幸福西饼居然没有实体店铺···································198
    8.1.2 在流量组合运营下，引流和沉淀可无缝连接·····················201
8.2 线上企业在流量组合运营中需要注意哪些陷阱···························202
8.3 公域流量和私域流量组合运营中的重要环节·····························205
    8.3.1 用户标签管理···205
    8.3.2 数据中心的建立···208
    8.3.3 "人设"的定位···211
8.4 私域流量运营还能帮助企业做什么·····································212
本章小结···214

第9章 在私域流量时代，人们的工作和生活发生了哪些变化 ... 216

9.1 市场消费环境的变化 ... 216
- 9.1.1 现金流是企业发展的核心 ... 217
- 9.1.2 这是一个全民线上消费的时代 ... 219
- 9.1.3 "80后""90后"成为消费的主力军 ... 219

9.2 今天你的企业直播带货了吗 ... 220
- 9.2.1 直播还可以这么玩 ... 221
- 9.2.2 微信看点直播，为私域流量运营开辟新出路 ... 223
- 9.2.3 "私域电商+直播"的转变 ... 227
- 9.2.4 直播+社群+小程序+私域流量运营的组合 ... 228
- 9.2.5 哪种直播更适合我的企业带货呢 ... 229

9.3 在私域流量时代，运营核心的改变 ... 234
- 9.3.1 私域流量运营要贯穿产品的整个生命周期 ... 234
- 9.3.2 企业微信成为私域流量运营的核心工具 ... 234

9.4 私域流量时代的新机会和新调整 ... 236
- 9.4.1 企业"线上+线下"组合经营 ... 236
- 9.4.2 私域流量运营将成为企业未来营销和经营的核心 ... 238

本章小结 ... 240

第1章
企业需要打造自己的私域流量池

你可能听说过私域流量这个概念。近几年,无论是线上企业还是线下企业,都或多或少地面临着流量焦虑的问题,也就是流量成本越来越高的问题。企业要打造属于自己的流量池,从而定制化地解决流量焦虑的问题,有效地对冲企业的流量成本不断增加的风险。

近几年,互联网及相关行业的发展逐步呈现出了存量市场竞争的形态。流量渐渐被行业巨头们垄断,而其他企业主想获取用户,就需要付出高昂的流量成本。

根据《中国移动互联网发展报告(2020)》中关于中国移动互联网用户的数据分析显示,截至2020年3月,中国手机网民为8.97亿人,比2018年年底增加7992万人。移动互联网月活跃用户规模同比增长率下降。与此同时,2019年,中国移动互联网接入流量消费达 1220 亿 GB，同比增长 71.6%；每个客户月均流量消费（Discharge of Usage，DOU）达 7.82GB，是 2018 年的 1.69 倍。这说明移动互联网用户增长进入减速状态，而流量消费则增长较快，移动互联网进入了存量竞争时代。企业"拉新"会越来越难。因为中国移动互联网月活跃用户规模增长的速度正在降低，所以有专家根据趋势预测，在未来的五年内，移动互联网的用户规模可能会逐步趋于稳定。

中国移动互联网用户的增长量在逐渐减少，而已经抓取和累积的存量用户又基本被发展成熟的互联网企业所吸引。每个行业的市场规模就这么大，用户就这么多，成熟企业吸引了存量用户的大部分注意力。新进场的互联网企业单靠"新增量"是很难存活的，增量市场红利几乎消失殆尽，它们不得不从这些成熟企业的手中争取一部分"存量用户"。

十年前，国内互联网行业发展得尤为迅猛，处于快速互联网化的阶段，很多企业都享受到了互联网发展期的红利，但这种存量激增的红利期可能很快就要消失了，未来存在的可能都是局部的风口，比如消费升级、下沉市场、新零售等。

对于近几年互联网企业流量成本的变化，我们可以从各个行业在线上获取单个用户（流量）的成本中分析。

如图 1-1 所示，根据艾媒咨询发布的《2020 上半年中国企业服务发展全景报告》显示，受访的职场人认为其所在的企业使用营销类企业服务的首要驱动因素是流量获取困难的占比为 41.7%，这说明流量获取困难是企业用户使用营销类企业服务的首要原因。在消费者流量红利消失的情况下，企业自身的营销难度将不断加大。

这种流量成本压力不断攀升的趋势在短期内不会改变，这是所有依靠线上流量的企业应该认清的事实。对于大部分企业来说，它们要思考的是如何在越来越高的流量成本压力下，实现企业的良性发展。

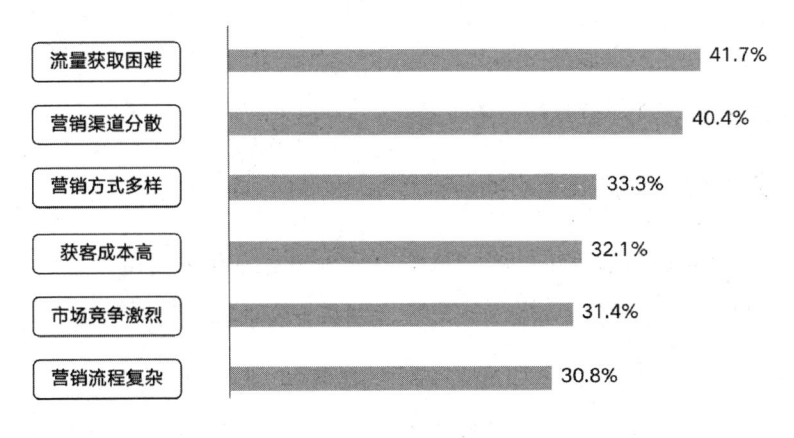

```
流量获取困难    41.7%
营销渠道分散    40.4%
营销方式多样    33.3%
获客成本高      32.1%
市场竞争激烈    31.4%
营销流程复杂    30.8%
```

图 1-1

下面以在线教育行业为例来做更细致的分析。

如表 1-1 所示，根据智贝财经在 2020 年对在线教育获客成本的分析显示，高获客成本依旧是在线教育行业的痛点，导致获客成本高的原因有三个：①自有流量转化占比低；②广告投放额高，转化率低。③正价课续报率影响长期获客成本。

表 1-1

指标	学而思网校	作业帮	猿辅导
广告投放额	10 亿元	4 亿元	5 亿元
特价课学员量	50 万个	150 万个	100 万个
特价课投放获客成本	667 元	500 元	606 元
特价课综合获客成本	667 元	267 元	500 元
正价课获客成本[以（特→正）转化率为25%计算]	2668 元	1068 元	2000 元

由此能够看出，互联网流量红利消失，整体投放成本都在增加。一方面，流量的增长和活跃高度集中在头条系、腾讯系等平台；另一方面，在线教育行业有

众多玩家，供给端高度垄断，需求端高度竞争，导致获客成本急速增加。这种趋势导致了很多以线上获客为主的在线教育企业的经营逐渐出现问题。

依靠线上获客的企业都面临上述在线教育企业所遭遇的困境。可以预见的是，这种困境会持续存在，并将越来越严重。

1. 线上行业如此，线下行业有没有这样的问题呢

线下行业面临的形势更严峻。从中国饭店协会与新华网在北京联合发布的《2020中国餐饮业年度报告》中可以看出线下餐饮行业的现状：2020年，餐饮企业家对外部环境的信心指数为158.70（满分为200），比2019年有较大幅度回落；2020年1—7月，我国餐饮行业的收入为1.8万亿元，同比下降29.6%。2020年上半年的数据可能受到一些客观因素的影响，那么往年的情况如何呢？从美团发布的《中国餐饮报告2018》中显示，餐饮行业的闭店率高达70%，餐馆的平均寿命只有508天。

这些数据不禁让我们大吃一惊。民以食为天，餐饮行业是线下行业的核心板块，餐饮行业的现状也让我们看到了线下企业的经营现状。

那么，线下企业遇到的问题有哪些呢？

（1）房租及人员工资支出等固定成本越来越高。商铺租金连年上涨，同时人力成本也在不断上涨，使得线下企业的经营者面临着巨大的经营压力。

（2）面临线上行业分流用户的挑战。互联网的蓬勃发展，对传统线下企业的原有业务造成了不小的冲击。以电子商务为例，各大电商平台凭借其多样化的选择和极高性价比的产品，使得消费者更愿意在线上购物，从而抢夺了部分原本属于线下零售市场的用户。

（3）低效的用户关系管理。对于线上行业来说，企业都十分在意客户关系管

理（Customer Relationship Management，CRM）系统，但线下企业，特别是中小型的线下企业，利用客户关系管理的手段单一且十分低效。关于客户关系管理系统的内容会在第 4 章中详细介绍。

（4）线下企业的互联网营销能力缺失。这也是较为严重的问题，我们团队在与很多线下企业接触的时候，发现它们普遍使用的营销手段单一、效率低下，对于线上营销的玩法很陌生。这个问题与线下行业的互联网营销人才缺失有很大关系，在短期内很难有明显改善。线下企业要想生存，就必须补足自身的营销能力，否则在未来很可能会被消费者抛弃。据了解，大部分线下企业对实体店铺引流都有强需求，这也成了近期企业转型和发展的一个热点。针对这个强需求，本书会在第 3 章介绍关于实体店铺引流的相关策略和方法。

总之，无论是线上行业的企业还是线下行业的企业，获客压力都会越来越大，流量成本会越来越高。这也是很多行业出现"倒闭潮"和"关店潮"的一个重要原因。

2. 私域流量和这些困境有什么关系

这样解释可能会更容易理解：不论是对于线上企业，还是对于线下企业来说，常规的商业模式都是找到更多的客源。线上企业投放广告的本质是获取用户；线下企业租店面做促销活动也是为了吸引用户。这样看来，线上获取的用户和线下吸引的用户有相当的一致性。如何获得更多的新用户、新流量？这些困境应该怎么解决？

因为流量成本逐渐增加，所以有些企业选择了提高产品价格来冲抵店铺租金上涨带来的压力，但随着产品价格上涨，用户的成交量减少了。难道线下企业就走到了死胡同吗？

到底有没有什么商业模式可以让企业摆脱或者减小这种流量成本增加带来的

负面效应呢？

有！当然有！

假设这些"买来的流量"能转化为我们的长期用户，形成稳定的用户群，我们再有针对性地培养用户对品牌的好感度、提高用户对品牌的忠诚度，促使其反复消费，多次反复转化获取来的流量，就能够冲抵一部分流量成本增加带来的压力，而这种一次性的流量成本投入会换来长期的潜在收入，在面对同行业的竞争者时也有一定的优势。

什么是长期用户？应该如何获得这种长期用户？又该如何维护长期用户呢？

带着这些问题，我们来看一下当下非常火热的抖音 App。这是一款短视频类软件，用户以"90后""00后"等互联网用户为主，展示了新时代的多元文化。抖音主要有两类用户群体，一类是看视频的人，另一类是拍视频并上传视频的短视频创作者，俗称博主。看视频的人在遇到自己感兴趣的视频时，就会关注一些博主，长期观看他们更新的视频，久而久之就会被博主的视频所影响，对出镜者多了一些好感和信任。这样，博主就对粉丝产生了一定的影响力。很多行业的头部博主都会有上千万个粉丝，而抖音博主对这些粉丝的影响力，就成了一种商业模式。抖音博主可以接商业广告，通过视频中的位置展示或用直播带货等方式来实现赢利。

在这种用户关注了某个博主，并长期观看博主上传的最新视频的模式中，博主就拥有了一批属于自己的长期用户。这些用户可以随时免费被触达，并且可以多次反复观看博主更新的内容。

如果我们把抖音的短视频创作者看作一个企业，这个企业就拥有一个长期用户池，能够不断地影响、转化用户，甚至实现用户和潜在用户之间的自传播，获取用户的流量成本相对较低，流量成本所带来的困境对它们来说就微不足道了。

当然，本书并不是鼓励每个企业都成为短视频创作者，而是让企业可以建立一个自己的用户池来改变获客逻辑成为新形态公司。私域流量思维能够帮助企业更好地实现转型，以此来提高同行业间的竞争力。

1.1 私域流量是什么

1.1.1 "我把你当作好友，你却把我当作私域流量"

什么是私域流量？

简单来说，私域流量就是属于企业自己的流量。提到私域流量，我们需要先认识流量和公域流量这两个概念。流量可以被简单地理解为一定时间内网站的用户访问量，也可以被理解为访问的用户，公域流量则是和私域流量相对的概念。公域流量就是企业外部的流量，是需要付费采购的，不属于企业自身。私域流量，就是企业自己的流量。

如何理解企业自己的流量呢？私域流量有以下特点：

（1）企业自有或可控。

（2）可免费或用超低的流量成本触达。

（3）长期有效。

（4）能反复利用。

流量池是什么呢？

如果在这个世界上存在一个可以装目标用户的容器，那么它一定就是流量池。之所以称之为容器，是因为流量池具备基础的蓄积功能。这个功能既可以将用户很好地留存，同时又能防止这些目标用户流失。

常见的私域流量有哪些呢？比如，企业的微信公众号粉丝、企业微信好友、企业管理的微信社群、企业自己的App的用户、企业的微博和抖音账号的粉丝等。私域流量就在我们身边，以各种不同形态存在着，看似种类繁多，但离不开上述几个特点。

与公域流量相比，私域流量有什么不同的特点和优势呢？

下面举几个例子，假如我是一个电商卖家，经营着一家淘宝店铺，面临着推广店铺和推广商品的需求。刚好淘宝提供的直通车服务能够帮助我锁定客群，通过大数据将商品和店铺精准地推荐给潜在的消费者。因此，我会选择使用这类营销工具，以这种方式完成大量成交。这种快速、短效、用一次性付费触达而采购的外部流量，就是公域流量。

假设我在淘宝店铺之外，同步建设了基于微信体系的在线商城，通过企业的微信公众号、个人微信号、微信社群等渠道来运营用户。用这些渠道获取的流量都是私域流量。用户可能通过内容或某一个活动，了解、关注了一个微信公众号，从知道这个店铺到对店铺产生好感，再到对产品感兴趣，购买、复购产品并推荐给身边的人，这种再次消费或者免费推荐给身边人的行为就大大地降低了卖家的运营成本。这样一个简单的闭环，就是私域流量运营的意义。在消费者成为卖家的私域流量后，卖家不需要额外的流量成本就可以进行管理、维护，这符合本节开头归纳的私域流量的几个特点。如果你是一个淘宝卖家，那么会不会选择用这样的方式积累用户，并将其留在自己的流量池内随时转化呢？

对于电商卖家来说，通过私域流量建一个自营商城，在有效地对冲流量成本增加所带来的压力的同时，产生了累加效应，积累的用户越来越多，商业价值会越来越大。私域的用户相对更可控，这些用户真实地掌握在卖家手中，卖家可以更有针对性地做促销活动并转化，而在公域流量中，想找到一个曾经的消费者可没那么容易。

再举一个线下行业的例子，假如我经营着一家餐饮实体店铺，情况会如何呢？对于线下企业来说，最重要的是客流量，而获取客流量的关键在于实体店铺的选址，不同地址的人群聚集程度可以被理解为公域流量的热力分布。在综合考量各个方面的要素，成功地完成选址之后，我还可以进行一些推广活动，比较传统的推广活动有店员在店铺周边发传单吆喝两声，再配合一些线上和线下的传播，比如线上的信息流广告、微信朋友圈广告，线下的商场电梯广告、实体店易拉宝等。这些活动都可以吸引在店铺周边流动的用户到店。我们可以把这些活动理解为在线下场景的公域流量中获取及转化用户。

餐饮实体店铺要如何搭建私域流量池呢？常见的工具还是微信公众号、个人微信号、微信社群等。你可能去吃了一顿小龙虾，在买单时把店长添加为微信好友，而他只是经常深夜在微信朋友圈发布一些新口味的小龙虾菜品图，这就足以让还没睡着的你心动。他在菜品图的最后再加上一句文案——现在在线下单，免费配送到家，更享满减优惠！你就不会犹豫，马上下单了。

是的！你不用怀疑，你把他当作好友，而他只是把你当作私域流量！对于线下商家来说，把用户留存在自己的私域流量池内，好处很多啊！

如此看来，生活在移动互联网发达的今天，我们每个人都不可避免地成了商家的私域流量。

这就是私域流量的魅力所在。

在了解了私域流量后，企业该如何做私域流量运营呢？私域流量和公域流量是什么关系呢？下面用图1-2来说明。

图 1-2 展示的是用户从公域流量池到私域流量池的一个完整的转化路径，也就是私域化过程，即让公域流量通过某种营销手段变成了私域流量，且产生了加法效应。这么看来，私域流量和公域流量是不可割裂的，甚至企业的私域流量还十分依赖于公域流量的导入。私域流量不是无本之木。

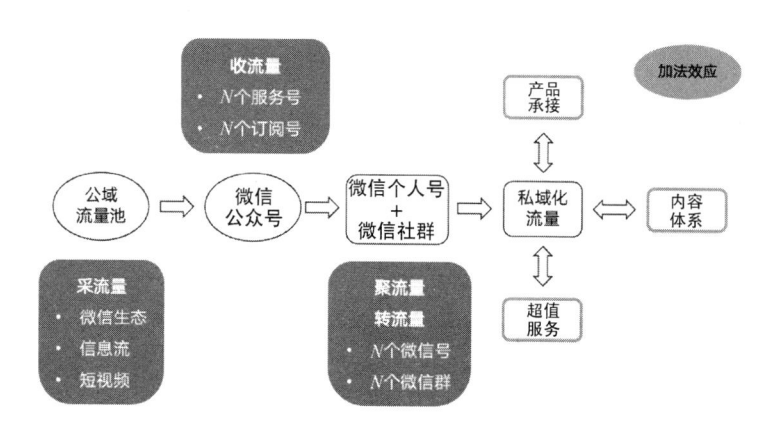

图 1-2

图 1-3 展示的是一个简化版的私域流量体系路径图。流量最终会汇集并沉淀到个人微信号、微信社群或者微信公众号中，这些是上文提到的流量池的不同展现形态。流量池用于沉淀用户，三种不同的形态都是载体。这三个载体的具体落地策略会分别在第 4 章~第 6 章中详细介绍。

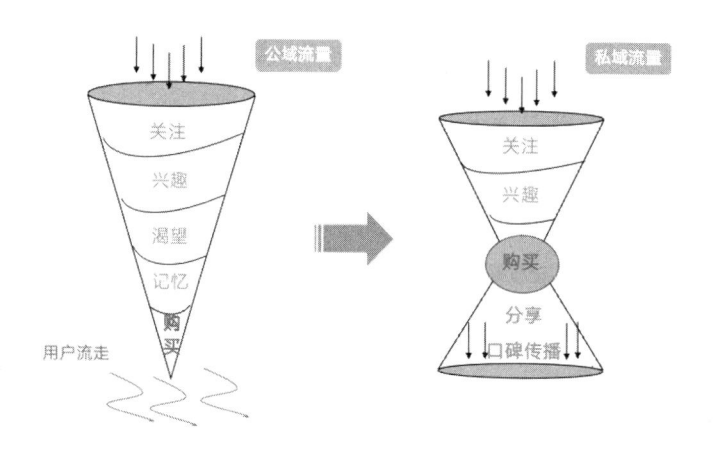

图 1-3

最后，我们把流量私域化的过程归纳为四个字：加法效应。随着时间变化，私域流量池会不断扩大，这种扩大来自两个方面：一方面是新的公域流量的用户采集；另一方面是已有私域流量池的用户自传播产生的裂变拉新。这些都会使流量池内的用户数量越来越多，也会将其演变成长期用户，这就是加法效应。

如图1-3所示，我们来对比一下公域流量和私域流量的转化漏斗。漏斗的形状一目了然，公域流量的用户转化路径表现为减法效应。用户在每一个环节都会减少，在经历完从关注到购买的转化过程后往往会流失。如果企业需要再次完成用户转化，就需要重复为公域流量付费。在私域流量中，不论是否形成购买，企业都可以实现再次免费触达、转化及裂变增长。只要用户沉淀在企业的私域流量池中，就有机会形成长期消费。另外，用户能够自动分享并形成口碑传播，这会使得流量池越来越大，就会形成加法效应。

1.1.2　企业做私域流量运营要打造陪伴型品牌

2019年，有一个运动品牌异军突起，跻身运动品牌前三位。它就是lululemon，是一家做瑜伽运动服装及周边产品的国际运动品牌。这家拥有20多年历史的加拿大公司，在2019年9月市值达到了250亿美元。这家公司的营销策略有一个特点，就是不爱打广告，特别是不爱请大牌明星做代言，这一点和其他运动品牌形成了巨大的反差。

如果你要开一家运动品牌店，卖瑜伽服及运动周边产品，那么会用怎样的营销模式来找到目标用户呢？

比较常规的方法是，通过各种营销手段增加店铺的客流量，这也是任何一家实体店铺的核心营销需求。通常的手段有比较常规的促销活动，利用商场、商圈及周边资源进行推广，在预算充足的情况下，可以通过明星代言并在店铺周边做广告牌展示，借用明星的知名度和人设来提高用户对品牌的好感等，以上是一个典型但并不十分完善的企业品牌营销模式。面对现在的市场环境，很多品牌，特别是小众品牌和新兴品牌，要想通过这种传统方式突出重围，在行业中立足并获得用户认可，难度是非常大的。明星代言的高昂费用就将很多品牌排除在门槛之外了。

lululemon 做对了什么？

不难猜到，lululemon 一定应用了与私域流量运营有关的手法，选择了直接触达用户的方式。lululemon 与用户（或潜在用户）直接或间接接触的场景称为 Community，也就是社区。具体的连接介质是店长及店员的社交媒体账号等。这个社区主要集合了崇尚健康生活方式、喜爱瑜伽运动文化、对身材和形象有追求的一群人，宣扬了 lululemon 品牌所搭建的相关专业内容和生活方式。社区中的大部分人认可企业所倡导的文化，同时可以学到一些相关的专业知识。如果对 lululemon 所表达的生活方式及内容认可，那么购买相关产品就变成了一件顺理成章的事了。我将这种策略称为陪伴型品牌策略。

陪伴型品牌是我原创的一个概念，指的是通过不同的推广渠道，在长期、持续用低流量成本传递品牌理念的过程中，对消费者实现陪伴的品牌，而私域流量则使这种陪伴成为可能。企业可以通过私域流量运营让品牌和理念的传递变得更加高效、流量成本更低，再有针对性地对私域流量池中的用户进行精准化营销来传递某种生活方式。这是很多企业所应学习和布局的领域。

所有新兴事物的发展都必定遭受质疑。企业对用户实现品牌陪伴，可以通过自己的私域流量体系来实现，也可以通过激励外部消费者来实现。自 2018 年以来，关键意见消费者（Key Opinion Consumer，KOC）这个概念十分火，与之相对应的是我们更加熟悉的关键意见领袖（Key Opinion Leader，KOL）。KOC 的特点是什么？它与 KOL 有什么区别？简单来说，KOC 广告更像身边的朋友给我们推荐某款产品，与我们的心理距离更接近，但影响力比 KOL 广告小得多，流量成本也低得多。很多快消品牌在过去的一段时间里十分热衷于在小红书、抖音等渠道投放 KOC 广告。

这里简单地解释一下 KOC。假设有一个 lululemon 的瑜伽产品的购买者,她可能是一个喜欢瑜伽运动的女生,可能有跟她一样喜欢瑜伽的闺蜜。她们偶尔会去上瑜伽课,有一群同学和瑜伽教练。在课后,这个女生随手更新了一下微信朋友圈的消息,为当天的运动打卡。这个女生在接触上述人群时,都穿着或者用着 lululemon 的瑜伽产品。她可能会与同学们聊天,甚至会聊到自己新买的瑜伽服。对于来上课的同学们来说,他们每看到一次瑜伽服就加深了一次对 lululemon 品牌的印象。lululemon 在这些潜在的消费者心中不断地埋下了品牌的种子。线上的部分也是一样的,一次简单的打卡对品牌来说也是一次不错的宣传。我们假设的这个购买者,就是一个 KOC。KOC 能够影响自己的朋友、粉丝等,使其产生消费行为。在这一点上,我们所说的陪伴型品牌和私域流量是不谋而合的。对于传统品牌来说,在消费者购买之后就没有必要与消费者联系了。而对于陪伴型品牌来说,购买只是刚刚开始。这也是陪伴型品牌的力量。

与 KOC 应用熟人营销的逻辑类似,企业内部通过自身私域流量体系实现品牌陪伴,也是低流量成本和高产出的结合,是企业的新增长点。和 KOC 一样,企业做私域流量运营也受到了很多误解,本书会在第 4 章中讨论。品牌陪伴也为我们搭建企业的私域流量池开启了一个新的视角,即做私域流量运营不仅要关注粉丝及转化率,还要贯彻企业的品牌策略,实现"品效合一"。

1.2 私域流量的兴起

1.2.1 增量市场 vs 存量市场

什么是增量市场呢?增量市场就是用户数量和行业规模会不断扩大的市场。

在过去的几十年间，无论是线上行业还是线下行业，都享受到了增量市场的巨大红利。各个行业不断扩张，用户数量持续增加。

我们在前文提到了存量市场的概念。对于线上行业来说，增量市场代表的是移动互联网行业的迅速发展和普及。企业在互联网化、数字化、移动化浪潮中都经历过最佳市场环境的洗礼，充分感受到了增量市场带来的巨大红利。对于线下行业来说，增量市场则被城镇化的快速发展和国民收入的不断增加支撑着。此外，还有一些因素同时影响着线上和线下行业，比如巨大的消费升级需求等。

红利不可能永存。如果规模停止扩大，之前的高速增长就将不复存在。市场就这么大，用户就这么多，增量市场就变成了竞争更加激烈的存量市场。

在存量市场中，很多行业获取新用户的难度大大增加。同行业的竞争有可能走向内卷化竞争。什么是内卷化竞争呢？内卷化是指一种社会或文化模式在某一个发展阶段达到了一种确定的形式后，便停滞不前或无法转化为另一种高级模式的现象。

内卷化竞争就是每家企业都做类似的事情，对某一个特定的市场或同一个需求的用户反复竞争。如果给同一批用户提供相似产品的企业多了，那么每家企业的平均利润都会相对下降，最终可能导致整个行业停滞不前。这种现象就是由内卷化竞争引起的。

比如，现在竞争很激烈的电商行业，尤其是服装电商行业。根据艾媒网发布的《2019中国服装电商行业研究与发展分析报告》显示，服装是网购参与度较高的品类，在2019年，中国消费者网购服装的比例高达70.4%，在购买服装的渠道偏好上，线上渠道占比高达76.9%。随着居民消费水平的提升，中国消费者未来对高品质服装的网购需求将更大，你随便登录一个网购平台，都会搜索到数不胜数的服装店铺，但是你会发现，低效重复的产品非常多，卖家容易陷入内卷化竞争。特别是对于那些没有自有供应链，只充当渠道的服装卖家来说，企业和企业间的竞争更加白热化。最终的结果往往就是相互竞争的企业都没能获得理想的利润，这也是近几年网店关店率增高的原因之一。

由此可见，一家企业，特别是中小型企业，要想走出这种在存量市场中厮杀的困局，就需要修炼内功，打造品牌，同时提高用户运营的能力。其中，私域流量池的搭建，对于大部分企业来说都有极其重要的意义。

在增量市场中，企业通过搭建私域流量池的方式积累了自己的长期用户，逐步提高了自身的"造血"能力，往往会更加容易获利。大家热衷于讨论的"企业转型"，是指从增量市场思维转变为存量市场思维。

一般来说，在增量市场环境中，我们更加注重发展的规模，而在存量市场环境中，我们更加注重发展的质量。在存量市场竞争中，企业需要补足自身的短板。无论是线上企业的用户运营能力，还是线下企业的数字化营销能力，都绕不开私域流量的话题。

1.2.2 把客户关系管理全流程搬到微信环境中

客户关系管理是指企业通过某种方式来管理与客户之间的关系，包含了常见的线上企业用户运营和线下企业会员管理。通常用什么方式实现客户关系管理呢？实现方式有很多种，比如发邮件、发短信、打电话、用自有 App 推送消息、搭建私域流量池等。

表 1-2 从到达率、转化率、推送成本、维护成本及内容多样性这几个方面对比了这些不同实现方式的优势和劣势。

表 1-2

实现方式	发邮件	发短信	打电话	用自有 App 推送消息	搭建私域流量池
到达率	较低	较高	高	高	高
转化率（打开率或接通率）	低	低	中	不稳定（各个 App 的情况不一样）	高（个人微信号）、中（微信公众号和微信社群）
推送成本	较低	较高	较高	无	无
维护成本	较低	较低	高	高	低
内容多样性	多	少（字数有限制）	中	多	多

从表 1-2 中可以看出，这五种实现方式各有优劣。发邮件对服务器的稳定性有较高的要求，容易不稳定，到达率较低。同时，由于国内用户对电子邮箱的使用率较低，发邮件已经不是大部分企业主流的用户触达方式了。发短信、打电话和用自有 App 推送消息依然是大部分企业目前常用的客户关系管理方式之一，但各个方式的缺点也比较突出。短信的打开率在降低，电话营销的人力成本在增加，虽然市面上已经有人工智能的电话客服系统，但是该系统仍处在比较初级的阶段，功能也有局限性，同时用户对电话营销的抵触情绪也在增加。用自有 App 推送消息通常需要很高的维护成本，很多企业难以负担。

大部分互联网企业的 App 符合私域流量池的基本特征，也是常见的私域流量池之一。App 用户是互联网企业的自有用户。企业用自有 App 推送消息即可免费触达用户。在每次有新活动时，企业都可以招募这些用户参与，即用户可以被反复触达。

目前，对于用自有 App 推送消息来说，企业虽然可控，但是也有不少问题。除了主流的社交软件，其余大部分功能性 App 被用户允许接受推送消息的比例很低，其中有些 App 的用户允许接受推送消息的比例还不到 10%。也就是说，只要用户不接受 App 推送消息，那么这种用户触达方式几乎是失效的。这样看来，企业曾经为了获取这些用户而花费的流量成本，就物非所值了。

App 作为私域流量池的一种，可以触达用户的手段显得相对单一。因此，很多企业，特别是中小型企业，开始着手从微信生态体系出发，建立基于微信生态体系的私域流量体系，这也是看中了这款现象级产品的优势，像这样的强触达产品在短期内很难被另一款产品超越。本书主要基于微信生态体系来分析。

通过表 1-2 的对比，我们发现，在常见的五种客户关系管理方式中，唯一在各个方面有较大优势的就是搭建私域流量池。无论是线上企业还是线下企业，只要有客户关系管理的需求，搭建私域流量池就是最优的客户关系管理方式。

这也是很多企业选择搭建自己的私域流量池的重要原因。只要提高客户关系管理水平，就有增加企业利润的可能性。

互联网企业的客服部门也在迅速地改变着，我接触的很多企业，已经不把电话外呼当作单一手段了，而是配合客服的微信号来使用。在电话外呼接通后，客服通过添加有意向的用户为微信好友来实现后期转化。这种策略的转变反映了私域流量池在客户关系管理中的优越性。

与发邮件不再是主流的客户关系管理方式正好相反，私域流量池则开始逐步成为更重要且常见的客户关系管理工具。企业现在问"要不要搭建私域流量池"就像在 15 年前问"要不要给用户打电话"一样。

1.3 通过私域流量运营打造用户流量池

1.3.1 通过 AARRR 模型算一算私域流量运营的账

AARRR 是 Acquisition（用户获取）、Activation（用户激活）、Retention（用

户留存）、Revenue（用户变现）、Refer（用户推荐）这五个单词的缩写，而这五个重要环节的组合代表了用户生命周期的流量动向，被称为 AARRR 模型，主要通过这些量化指标来分析用户获取和维护的情况。

1. 用户获取

对于任何一种商业模式来说，首先都需要获取用户。找到用户是运营任何产品的第一步。如果没有用户，就谈不上运营。获取用户永远是企业发展最重要的环节，与之相对应的指标是流量成本。

2. 用户激活

在获取用户之后，企业需要将流量池中的用户转化为活跃用户。一般来说，只有活跃用户才能给企业带来更好的回报，与之相对应的指标是用户活跃率。

3. 用户留存

只拥有短期活跃用户对于企业来说是远远不够的，企业还需要将这些用户真正留下来。维护好一个老用户的成本远低于获取一个新用户的成本，但是老用户能带来的持续价值，可能比一个新用户更高。与用户留存相关的指标是用户留存率。

4. 用户变现

用户变现是所有商业模式的落脚点，也是企业主最关心的问题。用户变现不是孤立的，需要与其他环节充分配合。与用户变现相关的指标有产品转化率、用户生命周期价值等。

5. 用户推荐

企业需要激励用户传播产品，这也是私域流量体系的核心玩法——用户裂变。与用户推荐相关的指标有用户推荐率（用户自传播率）、推荐转化率、用户推荐成本等。

在弄清楚了 AARRR 模型后，我们来算一算企业做私域流量运营的流量成本。

对于一般的广告投放来说，单个用户带来的收益很容易算清楚，即用户生命周期价值（Customer Lifetime Value，CLV）=销售收益/实际用户数。

在私域流量运营中，用户生命周期价值该如何计算呢？如图 1-4 所示，客单价为 P、转化率为 r、平均生命周期为 T、平均转化次数为 N、用户自传播率为 K。那么计算公式如下。

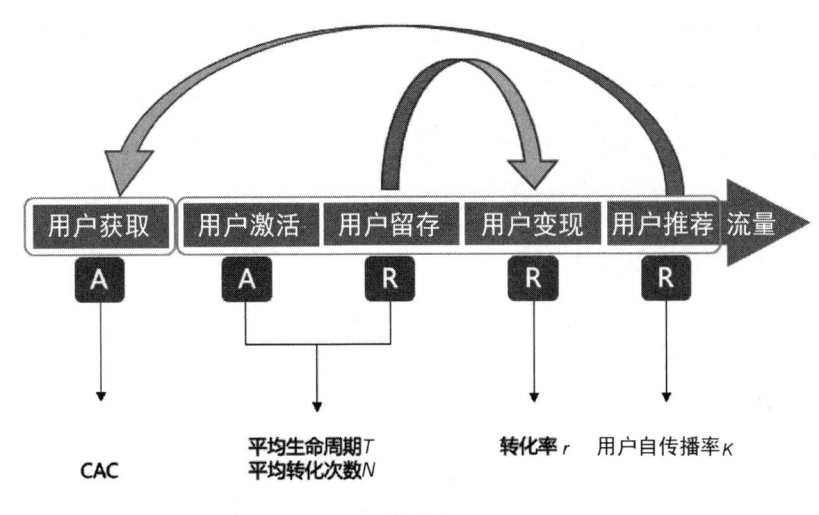

图 1-4

$$CLV = P \times r \times T \times N \times (1+K)$$

在私域流量运营的流量成本核算体系中，用户生命周期价值等于客单价、转化率、平均生命周期、平均转化次数和（1+用户自传播率）的乘积。这种方式下的用户转化路径不同于传统广告投放，使得用户生命周期价值的计算额外多出了平均生命周期、平均转化次数和自传播率这几个变量。用户不止一次性成交，有了自己的生命周期，也不止被转化一次，同时还有了自己传播的可能性。私域流量运营下的用户生命周期价值会显著高于一般广告投放获取到的用户生命周期价值。

如何理解这个公式呢？下面来举个例子。比如，我是一个电商卖家，如果套用广告投放的思路找用户，那么应该怎么计算能否赢利呢？单次广告投放获取的每个用户的生命周期价值等于销售获得的收益除以总用户数量，得到了数值 A；而获取每个用户的流量成本等于总广告投入除以总用户数量，得到了数值 B。这里计算了两个数值：一个是每个用户带来的价值，也就是数值 A；另一个是企业获取每个用户花费的成本，也就是数值 B。如果 A 大于 B，则企业赢利；如果 A 小于 B，则企业亏损。企业能否赢利的关键是看获取用户的流量成本能否被企业获得的收益覆盖。

如果成交的用户转移到私域流量池中，成为产品的长期用户，那么在一定的生命周期内会多次购买我们的产品，同时还会将我们的产品推荐给其他人，这就会出现投入产出比更优的状态。我们不能只在单一维度下对比 A 和 B 两个数值。只要这样持续经营，我们的成本支出就更加可控，商业模式会变得更加清晰、聚焦，企业经营也会呈现健康状态。

1.3.2　从流量思维到用户思维的巨大转变

什么是流量思维？如果把用户都当作短效流量，这就是一次单纯的商业交易。在流量思维下，营销花费就是在某个独立项目下促成用户成交所花费的钱，以流量和流量成本为核心。

什么是用户思维呢？简单来说，就是"以用户为中心"，针对用户的个性化、细分化需求来思考问题。在用户思维的视角下，营销花费不该被认为是用户单次购买行为的流量成本，而应该将其理解为获取一个潜在长期用户的流量成本。

无论是线上行业还是线下行业，都应该具备用户思维。在线下传统行业中更多地提到"顾客"这个词，"顾客"和"用户"这两个词只是单纯的表达方式不同吗？

我认为区别很大。如果一位顾客到店里，逛了一下或者在消费后就走了，商家没有留下这位顾客的任何有效信息，比如年龄、性别、喜好、联系方式、消费习惯等，他就永远成不了产品或者品牌的"用户"。

在互联网行业中，类似的顾客在还未进行消费前，企业就已经通过一定的方式获取到了顾客的个人信息，在顾客进行消费后，每一笔交易信息也都有存档，企业可以随时根据顾客的消费行为习惯来做精准、定向的产品或促销推送。这样，"顾客"就变成了有一定黏性和忠诚度的"用户"。

360集团董事长周鸿祎在IT价值峰会上，发表了题为《化解传统企业"转型焦虑"的必修法则》的演讲，曾说道："传统企业获取用户的关键是要尽可能频繁地与用户进行交互和交易，用高频率的交易打败低频率的交易。用户至上，在互联网时代怎么说都不为过，传统企业获取用户的核心在于不断创造与用户的交互点。"互联网人的这种用户思维，时至今日，对于线下行业的企业来说，也是迫切需要学习和理解的。

私域流量池就是一种能够帮助线上和线下企业最大限度地创造与用户交互点的工具。正如周鸿祎所说，它的确创造了传统企业欠缺的与用户的交互点，将"顾客生意"做成了"用户生意"。

1.3.3　企业管理者或用户运营人员应该思考以下这些问题

私域流量运营目前还处于一个相对红利期。对于很多企业，特别是线下企业来说，搭建私域流量池能够帮助企业获得竞争优势。作为企业管理者或营销、运营岗位的负责人，我们应该先思考哪些问题呢？

（1）我们所在的行业的商业模式通常是怎样的？能否通过私域流量运营来降低获取流量的平均成本呢？

（2）我们的企业在客户关系管理上能否以私域流量池为强有力的工具来提高工作效率和转化率呢？

（3）我们的企业的基本情况如何？有哪些私域流量运营方法是我当下就能用的？

（4）我们打算搭建一个私域流量池，应该如何预测流量成本和流量收益呢？

我建议你可以再增加几个自己想问的问题，并带着这些问题来阅读本书，试试看能否找到想要的答案。

本章小结

在阅读完本章的内容后，我们一起来总结一下企业为什么要搭建私域流量池。

（1）流量成本越来越高，搭建私域流量池可以减轻企业对传统流量采购的依赖。

（2）常规的客户关系管理工具失效，企业的用户在流失，搭建私域流量池可以帮助企业更好地维护这些用户。

（3）搭建私域流量池可以帮助企业打造陪伴型品牌，帮助品牌更好地深入用户心中。

（4）搭建私域流量池是一种强有力的竞争策略，企业现在搭建还在风口期，等到竞争者都在搭建了，很可能会陷入被动。

第2章

哪些行业更适合做私域流量运营

私域流量运营这么有魅力，是不是所有行业都可以尝试呢？解决所有问题的普适方法当然是不存在的，私域流量运营也不是万能的。本章详细地介绍私域流量运营更适合哪些行业，又能帮助这些行业的企业解决什么问题。

有人说私域流量运营让所有 to C（to Consumer，面向消费者）的生意都值得再做一遍。虽然这有点夸大私域流量运营的作用，但是在某种程度上能说明一些问题。私域流量运营的行业应用与其定位密不可分，这里涉及了一些对互联网行业的基础理解。先从一些概念说起，无论是线上行业还是线下行业，我们都要试着从产品、运营和市场三个核心方面来进行分析。

对于一个互联网企业来说，产品、运营和市场部门的工作内容边界是相对清晰的。产品部门主要负责 App 或者其他形式产品的基础设置、信息架构、页面布局以及产品原型设计的落地，并不断地进行迭代、优化。运营部门则主要面向该款产品的用户，根据用户人群的特性负责策划活动，提高用户黏性及满意度等，一切以用户为核心。市场部门的工作则以推广产品为主，负责为产品"拉新"，也就是让更多的用户能够使用这款产品，简单来说，就是将产品推广出去。

如果用第 1 章提到的"用户思维"来对互联网行业的产品、运营和市场这三个部门进行简单的归纳，我们能得到以下几点。

（1）产品部门主要负责为用户提供产品或服务，落脚点是不断地提高产品与服务品质。

（2）运营部门主要负责与用户的连接，提高用户黏性及满意度，使得产品和服务更好地满足用户的需求，并收集和反馈用户的建议。

（3）市场部门主要负责产品和服务的推广，让产品获取更多的用户。

在用户思维下，在线下企业中也能归纳出类似的产品部门、运营部门和市场部门。以线下教育机构为例，围绕着以用户为核心的架构分类，产品部门负责生产适合用户的培训课程，运营部门负责与新/老用户沟通、配合并支持助教和客服等业务部门的工作，市场部门负责针对培训机构的核心用户投放线下/线上的广告。

你可以思考一下，在你所在的企业或者从事的行业中，产品、运营和市场部门分别做哪些工作？

私域流量运营要解决的是哪一个问题呢？在互联网语境中，流量指的是用户访问量，也可以被理解为客流量。这个词看似更适用于市场部门，但实际不然。

市场部门更希望通过外部的广告资源来增加企业自身的用户量，更期待的是获得新流量和新用户，达成增加企业用户量的关键绩效指标（Key Performance Indicators，KPI）。私域流量运营则更多地在企业自身的私域流量池内提高用户活跃度，完成转化，进而实现变现，使用的策略和方法更多的是围绕用户本身出发的，不同于广告营销策略，本质上更偏向于运营。

企业的私域流量运营岗位的工作内容一般包括哪些呢？

如图 2-1 所示，我将私域流量运营的工作简单地分为四个环节——引流、裂变、留存和转化。我会在第 3 章中详细介绍这四个环节。其中，除了引流环节和市场部门有关联，裂变、留存和转化环节都是围绕已有用户进行的，更偏向于运营部门的工作，也可以被理解为市场部门和运营部门的联动。

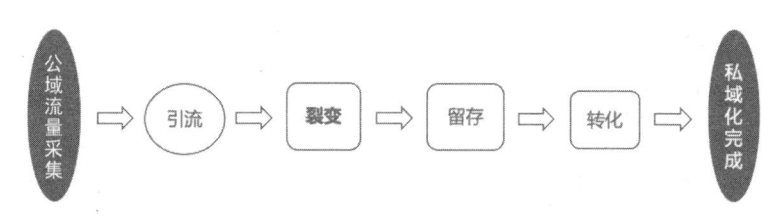

公域流量采集 ⇒ 引流 ⇒ 裂变 ⇒ 留存 ⇒ 转化 ⇒ 私域化完成

图 2-1

2017 年 3 月，可口可乐设立了新的高管职位——CGO（Chief Growth Officer，首席增长官），它取代了运行 24 年的 CMO（Chief Marketing Officer，市场总监）职位。新设立的 CGO 职位的工作不仅包含市场部门的工作内容，还包含了运营部门的工作内容。增长永远是企业发展的驱动力，在当前的市场环境中，建立一整套有质量的增长体系显得尤为重要。服务于企业增长体系的私域流量运营，也是在市场部门和运营部门融合下产生的。

在了解了私域流量运营与企业部门的关系后，我们试着分析私域流量池的建立能在企业内部结构中实现的效果。

（1）改变企业内部结构，提高运营部门的重要性。

（2）融合市场部门和运营部门，共同服务于企业的增长目标。

这些变化有助于企业在当前快速变化的环境和存量竞争的市场中提高适应

力，对大部分 to C 的商业模式是有效的。

在有了私域流量运营是企业运营中重要环节的认知后，我们再来思考私域流量运营能解决什么问题。

第 1 章介绍了一些线上和线下企业目前所遇到的困境。我认为造成这些困境的很大一部分原因是"流量思维"。通常，流量思维下的商业模式是在成本合理的范围内，不断找到新用户，依靠低流量成本支撑。在过去的十几年中，很多知名的互联网企业也都是靠这种模式逐步扩大的，再加上资本的加持，很快获取了海量的用户。流量思维下的商业模式，也被很多中小型互联网企业所采用，以寻求快速扩大企业的规模。

这种商业模式似乎存在着较大的问题。很多创业的朋友想必对 WeWork 这个名字不陌生。

2019 年，WeWork 的估值从 470 亿美元下降到 80 亿美元，首次公开募股（IPO）失败。2019 年上半年，WeWork 的营业收入为 15.4 亿美元，净亏损超过 9 亿美元，到了 2020 年第三季度，其销售额仅为 8.11 亿美元。为什么会亏损？主要是会员的平均获取成本太高了。这代表了追求规模的流量思维正在遭受挑战，一旦流量成本上升就无法掩盖亏损的事实。

流量思维下的商业模式是市场主导型的，受外部环境影响，与之相对应的是以用户和运营为主导的商业模式。其中，私域流量运营的用户思维就是典型代表。

私域流量运营的用户思维可以解决什么问题呢？首先，可以解决流量困境；其次，可以补足企业的运营能力，特别是用户运营能力的短板，使企业能充分且长期地从用户身上变现；最后，私域流量池可以帮助企业建立陪伴型品牌，解决品牌传播最后一公里的问题。

私域流量运营能解决这三个方面的问题，这对于所有 to C 的企业都适用，尤其对于线下行业和流量成本高的线上行业来说更为适用。对于线下企业来说，私域流量运营的玩法还处于"蓝海"阶段，企业越早开始布局私域流量运营就能越早享受红利。

2.1 在移动互联网时代，所有的生意都值得重做一遍

在新时代背景下，各行各业都在积极地应对和拥抱"互联网化"，如互联网+教育、互联网+医疗、互联网+金融，甚至互联网+工业等。在这个"互联网+"的信息时代和知识社会搭建的创新形态下，创新 2.0 推动了互联网形态演进，催生了发展的新业态，所有的生意都值得重做一遍。

2.1.1 现在的生意不难做，只是以前的生意太好做

"现在的生意太难做了"这句话几乎成了生意人之间打开话题屡试不爽的法宝，好像每个人都有一肚子的苦水要倒。但是实际上，现在的生意不难做，只是以前的生意太好做了。十年前甚至二十年前，国内大部分行业都是一片"蓝海"，率先进场的人几乎总能尝到甜头。

有个词叫内卷化，在 20 世纪 60 年代末由一位名叫利福德·盖尔茨的美国人类文化学家提出。他认为，劳动的超密集投入并未带来产出成比例增长，出现了单位劳动边际报酬递减的现象，即过密化现象。后来，这个概念又被引入经济学中，被称为"内卷化效应"。在商业领域中同样也有内卷化现象出现，一种成功的商业模式被公开后，一定会有大量的企业效仿，资本界也会加大关注，从而吸引大量热钱涌入，之后便会导致行业竞争加剧，甚至行业洗牌。在过去数十年里，各个行业蓬勃发展，有很多的行业都出现了内卷化竞争的局面，增加资本投入并

不一定能获得好的收益。

很多行业的企业现在都在"红海"中进行白热化竞争。要想避免出现内卷化竞争的局面，企业就要学会错位竞争策略。错位竞争策略是指企业避开竞争对手市场，用"以己之长攻敌之短"的手段，确立相对优势地位的一种竞争策略，即在商业竞争中开辟新战场，而不是简单地重复竞争对手的商业模式。

拼多多的创始人黄峥说过，在如今的移动互联网时代，创业公司要懂得只有进行错位竞争才会有出路。这也是拼多多为什么能在众多电商平台中杀出重围的原因。虽然同样都是购物类平台，但是拼多多和天猫、京东有着非常大的区别，即购物场景的区别。

拼多多更注重用户的社交属性，更强调通过用户之间的分享来刺激更多用户使用拼多多购物。拼多多就这样开辟了一条全新的道路，在短期内占据了一定的市场份额。

私域流量运营也是一种错位竞争手段。在我所服务的客户中，我经常会发现，那些有私域流量池的企业往往能获得更好的发展。

你不要再感叹现在的生意难做了，或许你只是缺少一个新的视角。

2.1.2 线上企业和私域流量运营的碰撞

私域流量运营需要以线上工具为流量池载体，近水楼台先得月，互联网行业是最先享受私域流量运营带来的红利的。从最早的 PC 端网站、移动端 App，到现在的微信公众号、微信社群、个人微信号等，私域流量池一直都是线上企业沉淀用户的重要渠道。

线上企业搭建私域流量池，主要有哪些诉求呢？下面来一一分析。

1. 更高效的变现途径

企业一旦拥有了属于自己的私域流量池,就可以反复触达流量池内的用户,无论是产品的转化率还是广告的传播频率都可以大幅度提高,从而提高变现水平。

2. 更高效的客户关系管理

在第 1 章中分析了几种客户关系管理方式的优势和劣势,最终得出了微信体系内的私域流量池在用户触达上效果显著的结论。这也是当下很多线上企业选择搭建私域流量池的重要原因。

3. 进行高阶产品的转化

高阶是与低阶相对应的。低阶一般指的是基础的、初级的,而高阶则是低阶的递进关系,是低阶的升级,指更专业的、更有价值的。常见的高阶产品有高阶课程、高阶服务等。对高阶产品的转化,是困扰部分企业的难题。由于产品的客单价高或者需要做定制化服务,用户往往很难快速做决策,而一旦流失掉一个用户,再次将其激活的难度会很大,会对企业造成损失。这时,企业迫切地想要寻求一个新的转化出口。将用户沉淀到私域流量池中,可以有效地延长产品转化周期,提高高阶产品的转化成功率,同时便于做长期的用户管理和维护,长此以往还能达到用户自传播的效果。

4. 品牌陪伴

企业搭建私域流量池,除了可以及时地将获得的用户沉淀下来,还能通过品牌陪伴的方式,占领用户心智,增加用户对品牌的信任度和好感度。

下面针对线上企业搭建私域流量池的四大诉求,进行逐一分解。

第一,线上企业尝试搭建私域流量池首先要解决变现问题。当私域流量池中的用户积累到一定的数量时,企业需要进行变现。如图 2-2 所示,收钱吧是国内的一家移动支付公司。用户在服装店、咖啡厅等场所消费结账后，会自动关注收钱吧的微信公众号。收钱吧 App 自 2014 年上线，覆盖了国内超过 30 个城市，其微信公众号快速地积累了上亿个用户。

在积累了大量的用户后，收钱吧很容易实现商业变现。我们来看一下收钱吧是怎么做的：基于微信公众号直接变现，比如在微信文章中给企业做广告植入，收取企业主的广告费变现；基于 App 广告位变现，比如在 App 的开屏或 Banner 等位置给企业做广告，收取企业主的广告费变现；除了直接通过广告变现，收钱吧还用这些用户作为信用背书，拓展新的线下合作商家，最大化地利用这些用户来变现，可谓一举多得。

图 2-2

第 2 章　哪些行业更适合做私域流量运营

私域流量运营不是微信体系内特有的，短视频平台和电商平台也在不断强调私域流量运营的玩法。本书主要讲微信体系内的私域流量运营玩法，主要考量的是企业参与的门槛更低、更可控。

在私域流量运营中，优质的内容是不可或缺的。不同形式的内容依靠私域流量运营变现的方式各不相同。这里主要体现了内容创作的多样性，具体包含了文字、视频和音频等多种形式。

以内容创作行业为例，下面看一看其在自媒体平台、短视频平台和电商平台上应该如何变现。内容创作行业的底层逻辑是好的内容可以吸引用户。内容创作者负责制作优良的内容，平台提供用户，这些用户基于自身的喜好被感兴趣的内容所吸引，从而关注创作者的账号，平台的流量就成了内容创作者的用户。聚少成多，形成了创作者自己的私域流量池。

如表 2-1 所示，我们将平台按内容形式分成了三类，即以微信公众号为代表的自媒体平台、以抖音和快手为代表的短视频平台、以淘宝为代表的电商平台，但是在这几类平台中，内容创作者对其私域流量池中的用户触达的效果是不同的。

表 2-1

平台	自媒体平台	短视频平台	电商平台
内容形式	以文字为主，以音频、视频为辅	短视频及视频直播	视频直播及图文
变现方式	位置广告、电商、内容付费、打赏等	品牌广告、直播带货等	直播带货

以微信公众号为例，消息推送是中心化的，即用户关注了这个微信公众号，就能看到这个微信公众号发布的内容；抖音的视频则被去中心化地推荐给用户，抖音会根据视频的播放反馈，将某条视频推送给可能对这类视频感兴趣的用户；淘宝也同样是去中心化触达的，会根据用户的购买记录及最近的搜索偏好来把他可能喜欢的产品智能地推荐给他。

这里提到了"中心化"和"去中心化"。中心化（Centralized）是指中心决定了节点，节点必须依赖于中心，离开了中心就无法生存；去中心化（Decentralized）是由节点来自由选择、自由决定中心的。在去中心化系统中，任何人都是一个节点，也都可以成为一个中心。任何中心都不是永久的，而是阶段性的，对节点都不具有强制性。图 2-3 是中心化和去中心化内容分发的示意图。

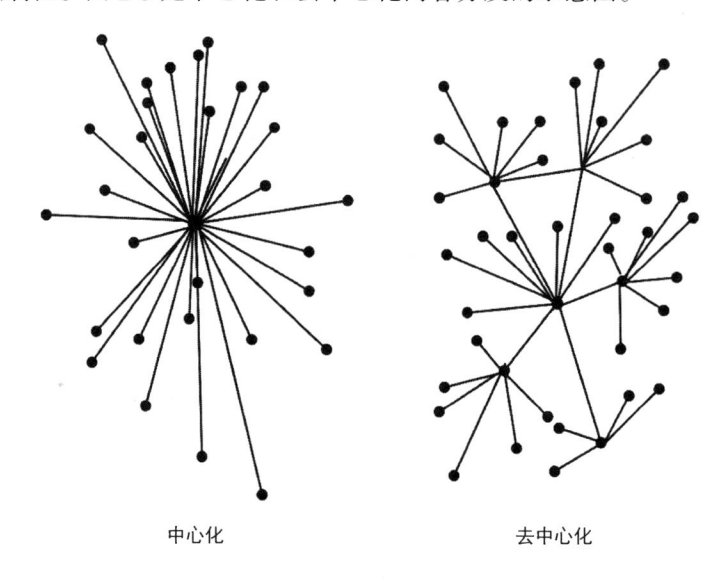

中心化　　　　　　　　去中心化

图 2-3

对于内容创作者而言，中心化的触达效率一定是更高的，中心化平台作为私域流量运营工具，更加稳定。像抖音这类去中心化的触达，则更容易让优质的内容受到关注。对于一般企业来说，选择中心化的平台更能保证企业传达信息的效率和稳定性。对于内容制作有优势的企业来说，选择去中心化的内容推荐平台则更有优势，企业的影响力会被放大。

对于在新媒体平台上的内容创作者来说，平台都提供了充足的变现手段。内容创作者在自媒体平台上可以通过打赏、植入位置广告和电商等方式进行变现，在短视频平台上可以通过植入品牌广告、直播带货等方式进行有效的变现，在电商平台上也可以通过直播带货等方式进行变现。

第2章 哪些行业更适合做私域流量运营

第二，线上企业还希望通过私域流量运营来解决客户关系管理的问题。

客户关系管理的核心在于给用户想要的产品或者服务。抖音（含 TikTok，抖音短视频国际版）能风靡全球的重要原因，就是它能够精准地根据不同用户的行为偏好给其推荐感兴趣的内容，做到个性化、智能化匹配。试想一下，如果每个用户打开这款 App 看到的都是自己喜欢的内容，App 的使用率会不会提高呢？如果一个企业能对用户的需求快速地做出反应，提供有针对性的服务，用户会不会更满意呢？

从运营的角度来看，根据不同用户的行为偏好和属性标签给其推荐定制化的内容，属于精细化运营工作的一部分。同时，企业也可以根据这些用户的行为数据，做好用户分级，这有利于企业的客户关系管理，可以提高企业的服务效率。

我们来看一下拼多多的例子。拼多多建立了以自有 App 为核心，以微信公众号和微信小程序为支撑的私域流量池。在对外展示的营销端口中，我们能看到以下人群标签：

（1）人群属性。按照性别、地区、年龄等分类。

（2）行业偏好。买家对不同类目商品的偏好（购买、收藏、点击、搜索、分享）。

（3）消费能力。全平台内的消费记录（客单价、消费次数、消费总金额）和消费类目。

（4）用户轨迹。店铺和商品的重定向人群。这里的重定向主要指的是对浏览过商品页面却没有产生购买行为的人群进行再触达，或者对已经产生购买行为的人群进行再营销及激活。

拼多多 App 可以根据用户的行为做个性化的内容推荐，同时拼多多的微信公众号也可以根据用户的行为数据做分类推送。

企业的私域流量池可以提供大量的用户行为数据,这些是企业解决客户关系管理问题的关键要素。

第三,私域流量运营还有助于企业进行高阶产品的转化。

在 3.4 节中会提到互联网保险行业的转化案例,分析如何进行高阶产品的转化。企业将对产品感兴趣的用户通过某种"诱饵"吸纳到微信社群中,通过提供相关知识分享,并结合一系列的营销手段,让用户最终在平台上完成购买保险的转化。这种新型的保险销售模式巧妙地借助了私域流量运营。经过了知识分享的洗礼,用户被某些内容击中并在分享中有所收获,用户和企业之间的信任很快就建立起来了。随后,企业与用户直接交流,就得到了超高的转化率,私域流量运营造就了这样一种全新的商业模式。对私域流量的应用正在成为行业主流的运营方式。

第四,私域流量运营有助于企业实现品牌陪伴的诉求。

部分企业建立微信公众号,建立企业微信体系,除了直接形成转化,同时也能通过私域流量运营这种高效且用户不反感的形式,实现品牌陪伴的诉求。

直面用户,是企业提高竞争力的有效方式。

2.1.3 线下企业和私域流量运营的碰撞

2.1.2 节讲到了线上企业与私域流量运营的碰撞,可谓是极度契合、快速适应并且处在迅速普及的过程中。那么线下企业与私域流量运营结合的情况如何呢?

在我看来,与部分线上企业做私域流量运营已经基本完善的状况不同,线下企业在私域流量运营的应用方面还处于发展期,还有着非常大的发展空间。

线下企业搭建私域流量池有哪些诉求呢？

1. 用户触达

线下企业往往缺乏与用户直接沟通，特别是线上沟通的机会。私域流量运营很好地填补了这部分空白，建立了线下企业与用户间的桥梁，实现了触达、转化和成交复购的可能。

2. 品牌陪伴

这点与线上企业的诉求相同。

3. 提高企业的线上营销能力

线下企业大部分是传统行业出身的，普遍欠缺线上营销能力，而私域流量运营作为一个可行性强、门槛低的营销手段，可以补足线下企业的线上营销能力。

下面同样针对线下企业搭建私域流量池的几大诉求，进行逐一分解。

第一，用户触达。

相信你对"跨境电商"这个词不陌生。跨境电商应用的就是典型的直面消费者（Direct To Consumer，DTC）营销战略，一方面要直面消费者变化莫测的需求，另一方面则要在售卖渠道上做到直面消费者。

不论是在售卖渠道上的战略，还是自建私域流量池的做法，跨境电商都应用了我们说的用户触达的方式，在售卖渠道上也将DTC营销战略运用得淋漓尽致。跨境电商卖家通常在线下有自己的直营实体店铺，在线上也有独立的官方网站、App、微信公众号和小程序等。

除了主流的亚马逊、eBay，很多"大厂"也在发展跨境电商的业务板块，如天猫国际、苏宁云商海外购、网易考拉海购和顺丰海淘等。这类新型的跨境电商平台会综合利用官方网站、微信公众号、小程序和App等为私域流量池的载体，一方面可以做到直接接触用户，另一方面还可以满足不同用户的多元化需求。此外，DTC营销战略可以直接将商品以零售价格卖给消费者，节省了一部分渠道运营成本。

第二，品牌陪伴。

图2-4是网易考拉的公众号搜索截图。网易考拉在品牌陪伴这点上算得上行业典范，通过旗下多个微信公众号发布不同细分领域的内容，在内容策略上比较出色。网易考拉从品牌理念、人群属性分层及产品故事等多方面布局，内容体系十分完善。

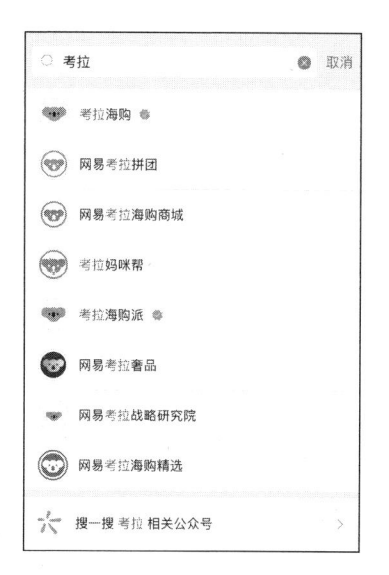

图2-4

第三，提高企业的线上营销能力。

传统的线下企业对实体店铺的位置要求高，实体店铺自身就是流量来源，但随着互联网的发展，部分线下商业形态开始遭受挑战。只有少部分中大型线下企业重视线上营销，而其他企业，特别是三四线城市的线下企业，对线上营销普遍是陌生的。大部分线下企业在私域流量运营领域中还处在比较茫然的阶段，缺乏明确目标和落地路径。

2020 年年初，受到新型冠状病毒肺炎疫情的影响，很多线下商超被迫关店，使线下企业提高自身线上营销能力的动力越来越强。我们正处在线下商业模式变革的边缘，第 7 章会详细地介绍线下企业的私域流量运营的玩法。

2.2 私域流量运营模式不是微商模式，也不是销售模式

2.2.1 私域流量运营模式不是微商模式

提到私域流量运营，很多朋友会很自然地联想到微商。图 2-5 是我的微信好友中一个微商的微信朋友圈截图。我相信你的微信好友中一定也有几个微商。提到微商，你会想到什么呢？是微信朋友圈刷屏的产品信息、邀请你加入的购物群、一些你可能没听说过但看起来还不错的产品，还是各种新奇好玩吸引你关注的活动呢？

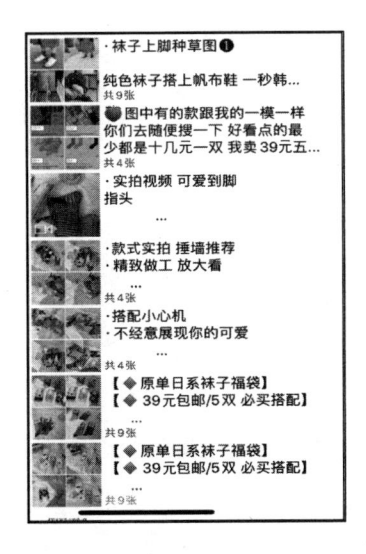

图 2-5

这些描述是大多数人在经历了微商野蛮生长时期后，对微商的一些印象。微商算是比较早期的私域流量运营践行者，探索出了很多新奇的玩法，为我们开辟了一种全新的商业模式。

当然，私域流量运营不是微商的专属。

微商的崛起和发展离不开对私域流量运营的运用，但是不能简单地把微商和私域流量运营联系起来。私域流量运营模式绝不是微商模式的升级版，而是一种工具、方法，微商的玩法也属于其中的一种。

下面简单地分析一下，微商到底采用了什么模式？微商的代理发货模式，可以分为以下两种。

一是自上而下，即总代理发货给下一级代理，下一级代理根据收集来的订单情况，向下层代理发货，层层下达。

二是自下而上，可以理解为一件代发模式。通俗来讲，一件代发就是即使卖一件商品也会帮你发货，微商总代理负责给消费者直接发货，订单由层层代理上传，每个订单再由总代理根据提供的地址分别发货，一件也代发。

在第二种模式中，微商就有更多的时间通过各种不同形式做社交推广，促进消费者购买。现在常见的几种促销方式，如分销裂变、拼团裂变、砍价裂变、游戏裂变等，就是微商最早提出并尝试的。有些微商还自己搭建了社交电商平台，基于社交性质的平台来做转化，通过私域流量运营对用户触达，让这些"社交流量"产生购买行为，成为消费者。有了社交电商平台，消费者不仅可以自己购买商品，还可以快速成为分销商，推荐好友购买还能赚点零花钱。社交电商的出现不仅最大化地应用了私域流量，同时还将我们推进了一个所有人都可以做微商的时代。

社交电商平台除了要选择好商品，还要将用户体验升级到最佳，毕竟社交电商平台运营的目的不仅仅是单纯地让用户消费，用户如果体验好就会产生复购行为并且可能做分销。

"自用省钱，推荐赚钱"是社交电商常打的口号，这里就包含了有激励性的用户升级体系和一件代发的技术支持。同时，社交电商作为一个新行业，要随时适应政策的变化做到合法合规。要想做一个好微商并没有大家想象得那么简单。

一件代发只要实现了动销，就是一个微商的最小模型了。很多自媒体累积了不少粉丝，有天然的私域流量运营优势，其中有些自媒体就在尝试搭建自己的社交电商平台。我们更建议有私域流量池的企业尝试转型，毕竟流量为王。

在前文中，我们强调企业做私域流量运营需要有用户思维。企业，特别是有一定规模的企业，做私域流量运营一定要从用户的角度去思考：

（1）要经营用户，而不要急于转化用户。

（2）要用合理的触达方式和频率，而不要骚扰用户。

（3）要更多地站在用户的角度思考问题，而不要忽悠用户。

2.2.2　私域流量运营模式不是销售模式

私域流量运营模式不是销售模式，但是能在社交媒体等流量池中起到作用，达到提高销量的效果，那么对私域流量运营的定位是销售吗？

如果你做私域流量运营的目的，只是单纯地完成销售的KPI，就大材小用了。私域流量运营虽然是帮助企业主售卖产品的有力工具，但除了销售转化，私域流量运营要更"贪心"一些，主要体现在以下三点。

1. 成交复购

对于很多高阶产品来说，用户在咨询后并不会第一时间成交。私域流量运营可以避免这样的意向用户流失，通过再次激活和长效的品牌影响，用最低的流量成本"救回"一部分用户，使其成交。在用户产生了购买行为后，私域流量运营还可以很有效地促成复购，用户的生命周期不以成交为终点，后续还有更多的可能性。

2. 辅助用户管理

除了能增加更多的成交复购，私域流量运营还可以很好地辅助用户管理，在第 1 章中讲到了关于这一点的相关概念。

下面来看图 2-6 所示的这个案例，这是新东方在推广一本"小升初"的择校教材时做的一次基于私域流量运营的拉新活动。在活动开始前，新东方嵌入了标签化管理，用户分层从这里就已经开始了。新东方收集了用户的年龄、性别、地域等，并做了精准细分，在了解了用户基本信息的同时，为后续更好地转化成交做好了准备。同时，通过用户精准的需求，新东方可以更好地答疑，个性化地向用户推荐更有价值的服务，在让用户觉得专业的同时，建立了用户对品牌的信任，大大地提高了变现的可能性。

3. 扩大用户池

有了辅助用户管理的功能，私域流量运营可以更好地服务用户，好的服务也会带来正向的用户反馈，用户认可了品牌或产品，自发传播和推荐就会带来新的用户，使得品牌的用户池不断扩大，同时这些新鲜的血液可以让品牌的用户保持活跃。

私域流量运营的上述三个特点，可以很好地帮助企业主更好地了解用户，同时满足了企业主对用户一站式管理的需求。

图 2-6

　　私域流量运营虽然不是做销售，但是同样能增加销售转化率。我们的终极目的有销售，但不是只有销售。如果非要说私域流量运营模式是销售模式，那么我认为在这种模式下的销售人员一定是更智能、更私人化、更会洞察用户心理、专业更匹配、记忆力更好的销售人员。这种"销售"让品牌长效地拥有了一批最活跃、最忠诚且不断壮大的自有用户。

通过上述讲解，相信对私域流量运营模式是不是销售模式的问题，在你的心中应该已经有了答案。

首先，私域流量运营包含了销售环节的内容。

其次，私域流量运营关注的是用户，是企业增长；销售工作关注的是将产品和服务推荐给用户。

最后，企业的私域流量池可以基于现有的销售部门架构进行升级。

从事销售工作的朋友，也可以更多地了解关于企业私域流量运营的内容，这将会对他们未来的职业发展很有帮助。

2.3 企业搭建私域流量池要做哪些准备

企业要想从私域流量运营的浪潮中分得红利，首先需要对私域流量池的搭建有整体规划。本节来讲一下要想搭建私域流量池，企业都需要做哪些准备。你可以参考下面的逻辑来做前期的准备工作。

1. 建立团队

团队包含决策者和执行者两个部分。

私域流量运营团队的决策者需要对私域流量运营的各项玩法足够熟悉，对企业的业务足够了解，同时应该被赋予足够的权限，要对企业的私域流量池做出整体规划，统筹协调企业内部相关资源，分解各项工作任务，并对结果负责。

私域流量运营团队的执行者需要配合决策者将规划落地，完成各项目标。

小微企业和中大型企业对团队的需求不尽相同。小微企业的项目试错成本更低，也更灵活。小微企业可以根据企业需求，从企业内部搭建团队；中大型企业则相反，要从外部寻找专业人才，或者通过外部培训的方式提高内部团队的专业能力，项目的综合成本往往会更低。

2. 确立企业的私域流量运营目标

企业要明确搭建私域流量池解决当前的哪些问题、每个问题的优先级如何排序，并根据问题的优先级有针对性地制订工作计划，完成前期的一系列准备工作。

要想确立私域流量运营目标，一般需要满足以下几个要素：

（1）做充分的竞品分析，要分析主要竞品都做了哪些私域流量运营方面的尝试，效果如何。

（2）了解企业做私域流量运营的一般方案。

（3）分析企业的自身情况，包括但不限于产品情况、客户关系管理情况、人才储备情况等。

（4）有条件的企业可以聘请外部团队对目标进行合理性评估。

3. 制定私域流量运营流程

在建立团队和确立私域流量运营目标后，企业就需要针对自身情况和所设定的目标，梳理出私域流量运营的流程。我们会在第 3 章中详细地讲解关于私域流量运营执行落地的部分。

前期的准备工作应该如何做？下面讲一个案例。2019 年 8 月，西南某地的一家母婴连锁机构找到我们，希望我们可以填补企业营销部分的缺失，帮助其搭建自己的私域流量池。

我们先对当地的母婴市场和整体行业背景进行了调研。这家母婴店有很强的代表性，在西南地区比较知名。老板从2007年开始进军母婴行业，深耕多年。根据他的反馈，这些主要布局在三四五线城市的线下母婴店，十年前的赢利状况是非常好的，一家店在开业后几个月就能收回投入成本。那时的行业竞争不激烈，商品的利润相对较高，但企业现在在经营上遇到了不小的难题。

我们总结了一下，企业现在面临的主要问题如下：

（1）随着线上电商行业崛起，线下母婴店近几年受到了很大的影响，店内的一些大品牌商品的利润低，而小品牌商品的利润虽然高一些，但是销量却很难提高。所以，店铺当前的总体利润很低，希望学习私域流量运营来提高营销能力，增加行业竞争力。

（2）在客户关系管理方面，该店铺已经有了自己的线上会员系统，但收集到的信息仅仅是用户的手机号码，不涉及更多有效信息，也很少主动触达用户，线上会员系统的主要作用是用积分兑换商品。

（3）在营销方面，除了店内线下商品的促销活动，几乎没有其他营销活动。

（4）团队员工基本上以本地化为主，没有店铺营销的意识。同时，该店铺缺乏营销方面的人才，担心做线上售卖会分走实体店铺的流量，店内的营业员对新知识的学习热情不高，甚至部分店员对新兴的营销模式有些排斥。

基于了解到的项目情况，我们开始做准备工作，即建立团队、确立企业的私域流量运营目标、制定私域流量运营流程。

首先是建立团队，我们按照决策者和执行者的逻辑组建项目团队。考虑下沉市场人员的营销能力，我们从北京公司外派了一位资深的私域流量策略总监全程跟进项目，由他作为决策者，负责把控项目的整体进度。我们也从北京公司外派了一位做活动经验丰富的同事，作为项目的执行者，协助并指导各个店铺的店员流畅地完成我们设置的活动。前文说过不论是决策者还是执行者，都应当充分了解公司及商品。我们从两个方面解决了这个问题。其一，对母婴行业的了解、对C端用户需求的掌握、对相关知识干货的掌握等，由位于北京的专家团队负责。在专家团队中有资深的母婴专家顾问，负责做内容和知识输出，为了保证内容的专业性，我们还延展了奶粉评测、纸尿裤专家及儿童营养辅食等多个领域的内容来获客。其二，了解本地化市场和每个店铺的情况。我们与各个店铺的店长和店员充分地沟通，让每个店员都作为活动的一个执行端口，前期对他们进行培训。在第一个合作周期中，我们带领店员一起完成活动并对活动进行监督调整，逐步将各店的店长培养成可以独立统筹并执行的角色。在第二个合作周期中，我们负责定期给店长活动策划方案及内容支持，各店的店长配合活动执行，这样就达成了长期合作。

在建立好团队后，我们就要确立企业的私域流量运营目标了。在活动开始执行前与企业负责人充分沟通时，我们发现上述企业面临的四个主要问题，在这里就需要解决了。我们可以协助母婴店完成私域流量运营和私域流量池的搭建，但同时更需要解决让内部员工掌握这项技能的问题，而不是让他们一直依靠外力。只有自己强大了才能更好地面对行业竞争。会员系统要从 0 开始搭建，需要一定的时间和过程，我们设立了短期、中期和长期目标。营销活动以每周一次的频率有秩序地开展。对于店员的学习能力和热情，我们在前期的培训中就已经很好地解决了。总结一下，我们确立的共同目标：在短期内，在流量成本可控的前提下，通过活动策划有效地提高实体店铺的销售额，并积累用户。在中长期，为企业建立一套完整的线上营销和客户关系管理系统，使企业可以良性地循环发展。

最后是制定私域流量运营流程，这涉及用户池的沉淀、需要选取的"人设"等，我们会在第 3 章中详细介绍。

图 2-7 是该项目的进度表，体现了我们做的准备工作、团队人员及时间等，包含了店铺信息收集、行业信息收集、设备准备、社群管理制度搭建、社群内容库搭建。

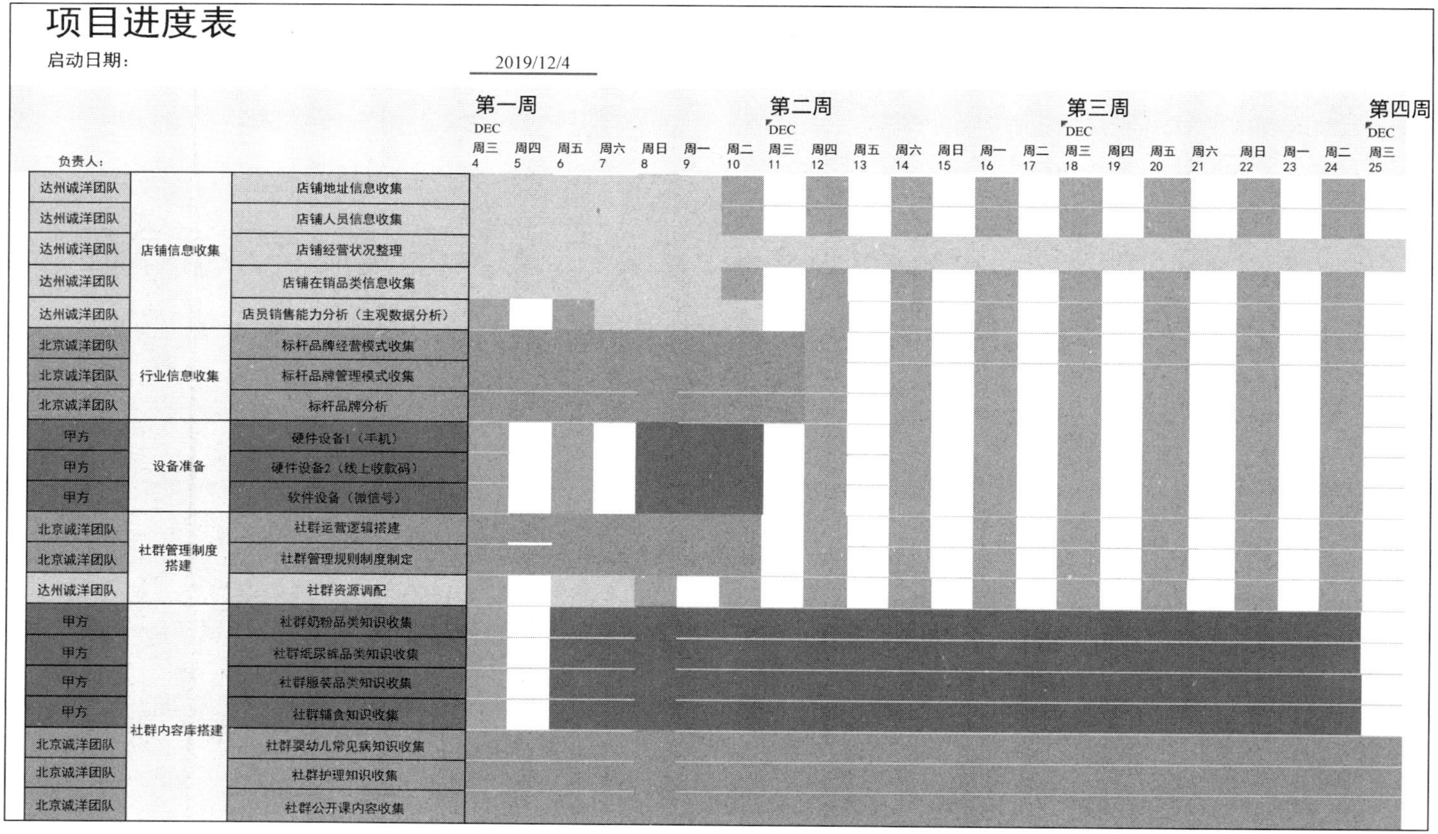
项目进度表
启动日期：
2019/12/4
负责人：
第一周
第二周
第三周
第四周
DEC
周三 4
周四 5
周五 6
周六 7
周日 8
周一 9
周二 10
周三 11
周四 12
周五 13
周六 14
周日 15
周一 16
周二 17
周三 18
周四 19
周五 20
周六 21
周日 22
周一 23
周二 24
周三 25
达州诚洋团队
店铺信息收集
店铺地址信息收集
店铺人员信息收集
店铺经营状况整理
店铺在销品类信息收集
店员销售能力分析（主观数据分析）
北京诚洋团队
行业信息收集
标杆品牌经营模式收集
标杆品牌管理模式收集
标杆品牌分析
甲方
设备准备
硬件设备1（手机）
硬件设备2（线上收款码）
软件设备（微信号）
社群管理制度搭建
社群运营逻辑搭建
社群管理规则制度制定
社群资源调配
社群内容库搭建
社群奶粉品类知识收集
社群纸尿裤品类知识收集
社群服装品类知识收集
社群辅食知识收集
社群婴幼儿常见病知识收集
社群护理知识收集
社群公开课内容收集

图 2-7

在这个项目中，我们将私域流量运营工具设定为店长的个人微信号和微信社群，用来实现用户沉淀。

母婴连锁店是线下企业的代表之一，我们通过分析是能发现一些问题的，如果你想了解关于线下企业的更多内容，可以参考第 7 章。

本章小结

在阅读完本章的内容后，我们一起来总结一下哪些行业更适合做私域流量运营。下面用图 2-8 对常见的行业做分析。综合考虑内容和产品销售特性，我们引入客单价、话题性和复购性三个维度，只要满足话题性强、客单价高和复购率高中的任意两项，基本上就是适合做私域流量运营的行业。

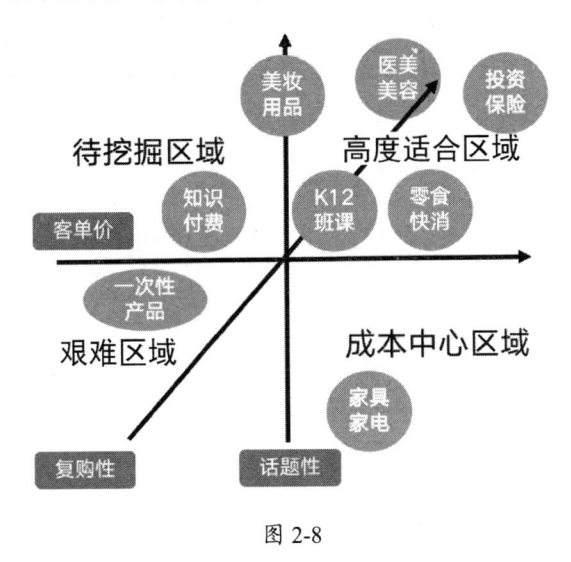

图 2-8

（1）私域流量运营更适合 to C 的行业，可以很好地基于用户做服务与管理。

（2）不论是对于线上行业还是对于线下行业，私域流量运营都可以不同程度地帮助企业提高运营效率，但由于线上企业和线下企业所面临的情况与目标有所区别，所以需要分别制定策略方案。

（3）高阶产品的用户决策周期长或需要维护用户关系，并且企业要为之付出更高的流量成本，私域流量运营能够帮助这类企业提高转化率。

（4）企业在私域流量运营开始前，要从建立团队、确立企业的私域流量运营目标和制定私域流量运营流程三个方面来做充分的准备。

（5）判断企业是否适合做私域流量运营，可以从客单价、话题性和复购率三个维度进行考察。

（6）对于有较高复购率的产品或服务，用户可能会持续购买。需要维护客户关系并长期保持品牌好感的企业更适合做私域流量运营。

（7）因为私域流量运营对内容质量有强需求，所以私域流量运营更适合话题性强的产品或服务。购买不是与用户建立关系的唯一方式，让用户参与到品牌的成长和产品的升级中，才是对用户更大的尊重。

第3章

私域流量运营四部曲：引流—裂变—留存—转化

在明确了运营目标，做好前期的准备工作后，接下来最关键的就是将制定好的既定策略落地执行了。本章会详细地讲解企业私域流量运营该如何落地。

我们先来了解一下承载私域流量的"流量池"，流量池就是沉淀在某一种介质中的用户的集合。我很认同"流量池思维是要通过获取流量并使用储存、运营和发掘等手段，再获得更多的流量"这个说法。在企业做私域流量运营这一点上，我提倡应用流量池"储存、运营和发掘"更多的流量来不断地增加流量池内的用户。

接下来，我们带着流量池思维来共同探讨本章的内容。图 3-1 是我们总结的私域流量运营落地执行的流程图。

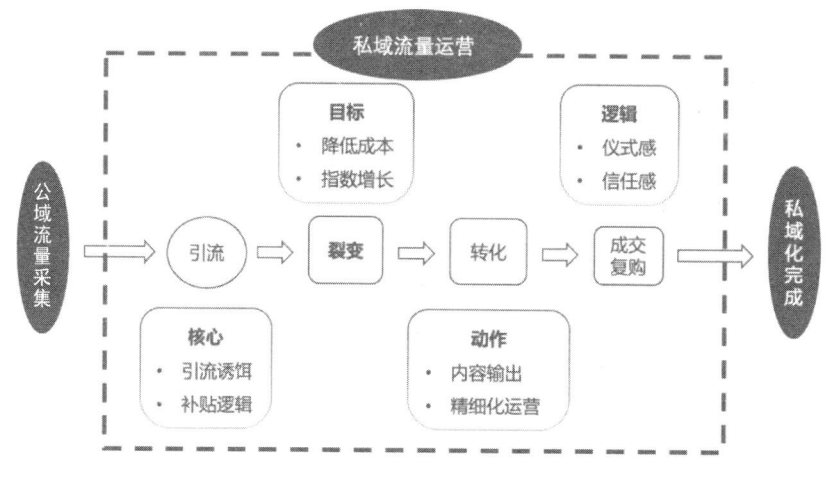

图 3-1

我们将一个完整的私域流量运营流程总结为公域流量采集、私域流量运营和私域化完成三个部分。其中，私域流量运营部分可以细分为引流、裂变、留存和转化这四个环节，本章会围绕这四个环节详细地介绍私域流量运营的具体落地方法。

3.1 引流：在移动互联时代，用户为王

引流指的是将公域流量池中的用户通过某种手段或方式，吸引至企业自己的私域流量池中。引流是私域流量运营过程的第一步，如果引流环节做不好，那么后续的裂变、留存和转化都很难推进。可以说，这是企业搭建私域流量池的关键环节。

做好引流的两大核心关键点是引流诱饵和补贴逻辑。

1. 引流诱饵

引流的本质是通过设置"诱饵"来吸引用户。企业要分析目标用户的人群属性，选择可能吸引这类用户的特定内容或实物作为奖品。为不同类型的用户匹配

的"诱饵"一定是不同的,只有定制化、个性化的奖品,才会吸引企业想要的用户,不能一概而论。

2. 补贴逻辑

在选择好"诱饵"后,如何让用户一步一步地在我们的引导下来参与活动,从公域流量池沉淀到企业的私域流量池中呢?这就需要完善的补贴逻辑了。

例如,我是一个"吃货",看到了企业送小零食的活动。作为特定目标用户,我就被零食这个"诱饵"吸引了,想得到这个零食,就要逐步完成活动要求的步骤。活动具体有哪几步、参与难度如何就决定了我能否完整地参与这个活动。如果步骤太多或者难度太大,那么我很可能会觉得太麻烦而中途放弃。这就是补贴逻辑,把补贴设计得恰到好处同样十分重要。

引流这一步要让用户觉得既有好处可得,得到的过程又不太麻烦,只要同时做到这两点,就成功一大半了。通过"诱饵"来补贴用户,让用户加入我们的私域流量池,是最核心,也是最常见的策略。

企业引流进来的用户,最终会沉淀在不同的载体中,比如个人微信号、微信社群、微信公众号等。关于载体的选择,我们将在第 4 章~第 6 章中分别详细地介绍。

需要特别注意的是,在本节中提到的"引流"指的都是将用户沉淀到私域流量池这一行为,与其他书籍或情景中的"引流"不同。

我们现在来分析一下常见的企业获取用户的引流模型。

很多传统的线下企业都有自己的实体店铺,实体店铺作为一个可承载客流量的物理空间,同样也是私域流量池的引流空间。本章所讲的实体店铺引流,指的不是吸引用户到店,而是将实体店铺的流量吸引到线上,使其成为线上私域流量池的一部分。

3.1.1 实体店铺引流——将线下用户引流为线上私域流量池的一部分

即使移动互联网发达，人们也要出门消费。

移动互联网的红利期正在逐步消失，线上企业的流量成本较高，但通过实体店铺把线下流量引流至私域流量池，不仅可以将精准的用户吸引入池，而且流量成本在很多行业中还是很低的。因此，抢占了先机、开拓了实体店铺私域流量池的企业，可以享受到不小的红利。实体店铺引流将逐渐成为线下企业必备的引流技能之一。

实体店铺本来就能自然吸引用户，而实体店铺引流则通过设置激励手段的方式将用户吸引到线上，从而在自然流量的基础上增加了实体店铺的客流量。积累了线上私域流量，也就增加了后续裂变和转化的可能性。

对于实体店铺引流来说，要如何设计激励手段？在实体店铺引流中，常见的激励手段有店铺优惠券、专享折扣价、会员积分、赠品等。下面逐一举例讲解。

图 3-2 是一张典型的店铺优惠券。如果有人拿出这样一张面值为 20 元的店铺优惠券，告诉你只要把店长添加为微信好友就可以得到这张优惠券，那么你可能会立刻拿出手机用微信扫描优惠券中店长微信号的二维码。

图 3-2

第 3 章 私域流量运营四部曲：引流—裂变—留存—转化

下面来看一个现实的场景。在服装品牌三福时尚的实体店铺购物时，收银员会告诉用户，关注他们的微信公众号可以积分，还可以享受会员折扣。这就很容易让用户关注微信公众号。同时，对于企业来说，几乎没有新增的流量成本。

总结：好的激励手段需要满足两个要素，一个是足够吸引用户，另一个是流量成本要低。

在引流方面，步步高商业连锁股份有限公司旗下的步步高百货的策略也值得学习。2018 年 2 月，步步高百货上线小程序"Better 购"，借助小程序和微信私域流量运营实现了线上和线下用户的整合。根据媒体报道，在步步高百货开通送货到家业务的实体店铺中，通过微信社群营销转化而来的订单量达到了 30%以上，销量惊人。除了微信社群，步步高百货还开拓了个人微信号、微信公众号等渠道来沉淀用户。

步步高百货采取的主要的引流策略是通过收银员人工转化。在用户消费之后，收银员引导用户扫描微信社群的二维码进群。同时，为了鼓励收银员积极拉用户进群，步步高百货规定，当微信社群的人数小于 100 人时，收银员每拉进 1 人获得 0.5 元奖励，当微信社群的人数大于 100 人时，收银员每拉进 1 人获得 1 元奖励。在这种模式下，收银员的积极性得到了充分的调动，他们会找出合适的策略，使用户更加愿意加群。

在三福时尚和步步高百货的激励方式中，企业几乎不用为吸引用户加群进行补贴，而主要通过潜在利益诱惑和工作人员的话术引导。这样做的好处是流量成本可控，而且用户也不会反感，但是也有缺点，就是转化成功率相对较低，更加适合客流量大的商超和大型品牌。

实体店铺和客流量较小的企业一般会选择更有效率的引流策略，利用现金、优惠券或者实物奖品（赠品）等方式来实现用户激励。

一般来说，用户激励手段有以下特点：

（1）对于同等价值激励来说，实物奖励一般比虚拟奖励的效果好。

（2）及时性的奖励远比未来的奖励效果更好。

（3）合适的引导流程和方式，对引流转化率有至关重要的影响。

特别值得一提的是第三点，在我们服务一家线下连锁机构时，在同一个城市中有近 10 家店铺同时采用我们的引流方案，店员对用户到店的引导流程理解不同，直接导致了在采用相同方案的商圈中，转化效果差距显著。

3.1.2 地推引流——更低的流量成本

"我在自主创业，能帮忙扫码关注一下吗？"相信大多数人都在上下班乘坐地铁时听到过这句话。

这就是地推引流。地推也是企业常用的引流方式之一。与实体店铺引流相同的是，地推的执行场景也在线下。这两种引流方式有什么区别呢？

一般来说，主动来到实体店铺的用户，虽然数量有限，但是人群相对更精准；地推引流则相反，很难做到人群精准，但覆盖的人流量大。

在激励手段合理的情况下，地推引流的优势是流量成本低，并且可以获取大量用户。企业一般会选择与业务相关的低成本实物作为地推的奖品诱饵来吸引用户添加地推人员的个人微信号或企业微信。

进行一场地推活动通常都需要注意哪些问题呢？

1. 地推场景的选择

哪些线下场景更适合地推、在哪些场景中更有可能出现我们要找的目标用户，这些都直接决定了地推的效果。

2. 地推引流的流量成本与收益

这就是我们通常所说的项目投入产出比。地推引流的流量成本通常包含奖品成本、地推的人力成本、物料设计及印刷成本等；产生的收益则需要我们在执行结束后进行复盘，核算出本次地推引流带来的总收益，一般用产品转化率乘以产品售价来计算。我们可以通过对比单人引流成本和用户能给企业带来的平均收益这两组数据来复盘地推活动。

3. 地推奖品的选择

这就是上文所提到的引流诱饵。激励用户参与活动的商品，要价格低、质量好、与企业业务有关联性，还要匹配目标人群的品位和喜好。做过几次地推活动后就可以测试出用户对哪类商品更感兴趣。

在明确了上述几个问题后，相信你已经基本了解了地推引流的操作流程。因为地推引流的执行难度小、覆盖用户广，所以深受广大企业喜爱，但作为企业重要的获客手段，地推引流也在不断地遭受质疑和挑战。

以微信公众号"涨粉"为例，企业各出奇招，方法层出不穷，如用户在关注微信公众号后可以在某场地连接 Wi-Fi、免费使用街边的体重秤，在快递柜取完快递后也会被推荐关注某个微信公众号，或者因为要开发票而扫码关注了一个微信公众号。不知道你有没有遇见过上述类似的情况呢？在某一天，手机上突然弹出一条微信公众号消息，你可能都不记得在什么时候关注了这个微信公众号。

这样的流量成本极低，获取单个用户的成本平均在 0.5～1 元，但是获得的用户在关注微信公众号，并达到了某种目的后，很可能会直接取关（取消关注微信公众号）。这个引流方式虽然成本低，但是用户容易流失，留存下来的用户的活跃度普遍不高。这也是很多企业在做地推引流后期变现和转化难度较大的原因。

综上所述，我认为地推引流的地推场景、激励手段、转化措施等都十分重要，这些因素不仅关系到企业获取的用户是否精准、有效，而且还能判断出企业的投入是不是值得。

3.1.3　广告引流——广告投放有一半是没用的吗

本节介绍另一种常见的引流方式——广告引流。

广告引流指的是企业通过广告投放，使得用户主动与企业形成互动并沉淀到私域流量池的行为。

在广告圈中流传着一句名言，"我知道在广告上的投资有一半是无用的，但我不知道是哪一半。"这是100多年前广告大师约翰·沃纳梅克说过的。这也被认为是广告界的"哥德巴赫猜想"，但近年来效果广告的崛起似乎为这个难题提供了一种全新的解决思路。

提到效果广告，就不得不提到效果广告和品牌广告之争，也有些折中派在此基础上提出了"品效合一"的观点。在我看来，不论是品牌广告还是效果广告，都服务于企业的用户增长体系。从数据上来看，效果广告比品牌广告更容易监测，未来的营销会越来越数字化。

在私域流量运营中，广告引流就是一种以数据化为导向的引流方式，即企业要对广告投放后所反馈的各项数据进行分析，并根据分析报告的数据显示来优化下一轮投放策略。

企业通过广告投放将流量私域化，广告投放的类型可以分为微信体系内广告和微信体系外广告两种。

如表3-1所示，一般来说，微信体系内广告有微信公众号自媒体广告、腾讯广告等，通常价格较高，但是转化到微信私域流量池的路径较短。

表 3-1

	微信体系内广告	微信体系外广告
形式	微信公众号自媒体广告、腾讯广告（原名广点通）	非微信环境内的信息流广告、互动广告等
特点	转化到微信私域流量池的路径短、价格较高	转化到微信私域流量池的路径较长、价格不等

常见的微信朋友圈广告就是微信体系内广告的一种，不仅更容易把流量转化成私域流量，在投放时还支持在线实时监控各项数据，包括曝光次数、详情查看次数、图片点击量、点赞量、评论量、关注量、转发量等，会帮助企业全面地了解广告投放的效果，同时可以得到更加有针对性的反馈数据，以便优化后续的广告投放策略。这也是我很喜欢的一种广告引流手段。

不论是关注微信公众号还是识别微信二维码，微信朋友圈广告都有着天然的环境优势，因为同在微信环境内，会在体验过程中减少用户的参与步骤，转化效果通常会好一些。

微信体系外广告的转化路径较长，价格不等。例如，对于比较典型的信息流广告，企业可以根据自己的需求选择不同的投放内容、落地页面或者直接引导下载应用软件的链接等，最后的投放效果通常取决于内容创意、投放的人群及竞价等关键因素。信息流广告因为其庞大的流量、智能推荐的算法和精准定向等特点深受广大企业主喜爱，但因为不在微信体系内，所以转化到私域流量池的路径比较长，用户参与活动的难度较大。

3.1.4 电商引流——你收到过这种引流小卡片吗

市面上常见的引流方式十分有限，线上和线下行业使用起来都大同小异，但通常线上行业竞争更激烈，企业对用户的获取更迫切，本节介绍线上企业引流。

说到线上，就不得不提到最具代表性的电商行业。对于很多电商卖家来说，用户引流和转化做得好，是可以显著提高变现能力的，进而可以提高电商卖家应对风险的能力。电商行业是怎样引流的呢？

对于电商行业来说，人们比较熟悉淘宝、京东和拼多多这样的网购平台。电商卖家的流量成本很高，很容易遭遇流量困境，也就是说店铺的销量会受到平台的营销推广费用影响。

对于电商卖来说，建立自己的私域流量池，逐步减少对第三方平台的依赖，是一件十分有诱惑力的事情。

于是，在网购收货时，很多包裹中就出现了如图3-3所示的引流小卡片。

图 3-3

随购买订单附带小卡片引流是电商行业常见的引流方式之一。在用户下单购买后，商家一般会在快递包裹中放置类似的卡片，一同寄给用户。卡片上通常会

第 3 章 私域流量运营四部曲：引流—裂变—留存—转化

有添加好友返现的说明。对于用户来说，已经购买并成功收货后，还能得到返现是一个比较有效的引流诱饵。也有一些企业会选择用打电话和发短信的方式回访用户，使其关注企业的微信公众号或添加客服为微信好友。

从我服务过的淘宝店铺的反馈来看，用卡片引流的转化率在不断下降。通过对部分淘宝店主随机提问，我了解到这种方式的转化率竟然低至千分之一。店主们也很不理解，"哪有白给钱还不要的道理啊？"于是，他们找我来解决问题。

下面看一下图 3-3，这是我在网购手机保护壳时，商家随订单放置在快递包裹中的引流小卡片。我按照图中的流程引导，关注了企业的微信公众号，初步判断该账号沉淀了数十万个有效用户。这个商家向我反馈说，这种小卡片的引流效果很不错，是账号"涨粉"的大功臣。

用同样的方法，有的企业的转化率为千分之一，而有的企业则达到了不错的引流效果。这究竟有什么奥秘呢？

同样是引流小卡片，图 3-3 所示的这张有什么不同？它为什么会增加用户扫码的欲望，能让企业获得很好的引流效果呢？

首先，小卡片很有质感。其次，奖品设置得比较合理，最低奖项五等奖是 6.6 元的现金红包，用户的参与性就很容易被调动起来。但实际上，大部分用户通过微信扫码，抽到的都是四等奖，而对于四等奖，卖家是不用付出额外流量成本的。再次，小卡片的文案比较有吸引力，"百抽百中"，既有大奖也有小奖，你不想来试试手气吗？最后，参加活动的流程很简单，用手机扫码就可以参加活动，比添加客服为微信好友，再给客服发活动截图才能领红包的门槛要低得多。

除了一类电商（平台类电商），目前比较主流的还有二类电商，什么是二类电商呢？即通过去中心化的信息流广告的方式触达用户，采用货到付款模式进行推广的电商形式，主要在一些非电商平台投放广告来进行商品销售。所以，二类电商也叫直营电商。关于二类电商的特点，可以通过与一类电商的对比来进一步了解，见表 3-2。

表 3-2

不同点	一类电商	二类电商
消费人群	已经养成网购习惯，不在乎信任问题的网购人群。如年龄在 20～40 岁、处于一二线城市的女性	几乎没有网购行为，或者对没有见到过实际商品而存在信任顾虑的消费人群。如年龄偏大、处于三四线城市的男性
买家付款方式	在线支付	货到付款
推广流程	上架商品→客户下单→在线支付→签收回款	上架商品→主动推广→客户下单→签收回款
卖家结算方式	和第三方支付公司结算	和快递公司结算
订单管理方式	在店铺后台进行管理	在广告投放平台进行管理
看重点	复购率、口碑	爆款

比如，我们在使用抖音时，可能会刷到某个商品的广告视频，点击链接就可以填写收货信息完成一次交易，这就是一个典型的二类电商。这类交易基本上都是一锤子买卖。卖家通常需要付给平台很高的流量费用，比如对于一件 99 元的衬衫，卖家可能需要支付给平台 50 元的流量成本。

对于二类电商卖家来说，只要流量成本稍微波动，这个商品可能就不再适合推广了，利润很难把控。所以，现在很多二类电商的卖家会尝试将产生购买行为的用户转移到私域流量池中做长期转化。这样，流量成本的计算方式就变了，还以一件 99 元的衬衫支付给平台 50 元的流量成本来计算，如果不搭建私域流量池，那么这 50 元就完全是卖一件衬衫所产生的流量成本；如果搭建了私域流量池，这 50 元就是获取一个潜在长期客户的流量成本。

二类电商与一类电商的引流方式大同小异，但二类电商一般都会对用户进行消费者信息核准及意向分析，所以很多二类电商会在这个过程中，让用户添加客服为微信好友，这也是一种常见的引流方式。

3.2 裂变：用"银行复利"思维玩转私域流量运营

裂变指的是通过引导，让沉淀在私域流量池中的用户进行传播以达到再次拉新的目的，也就是我们常说的老带新（老用户带动新用户）。引流和裂变这两个环节的目的都是将私域流量池不断扩大，但二者也有核心区别，引流是将公域流量池中的用户吸引到企业的私域流量池中，而裂变是利用私域流量池中的用户再次实现用户增加。

裂变的核心是通过设置合理的利益点，使得用户愿意分享。在设计裂变活动时，我们通常需要从以下几个方面综合考虑。

1. 种子用户池

裂变不会凭空产生效果，需要种子用户作为活动的基础启动量。所以，先要引流，把用户池建起来，然后才能裂变。同时，要在设计裂变活动时，考虑在裂变过程中用户特性是否发生了变化。

2. 裂变逻辑

裂变逻辑能否形成闭环是裂变环节中至关重要的部分。只有形成闭环，才能实现多级裂变。一次好的裂变活动的逻辑通常都比较简单且易于用户理解。

3. 利益点

利益点就是常说的"诱饵"。我们要给予用户一定的利益点，让用户愿意为此裂变活动拉新。

4. 用户体验

在裂变过程中，引导文案能否击中用户内心、是否充分考虑了用户需求和用户的行为逻辑，都是用户体验中比较重要的部分。

5. 裂变工具

企业的裂变活动一般都需要借助裂变工具，如社群裂变常采用活码工具（一般是指通过技术手段，将多个二维码合成一个统一码）、微信公众号裂变常采用任务宝工具（一般是指通过技术手段，使得用户完成指定的裂变任务）。

裂变通常按照载体可分为社群裂变、微信公众号裂变、个人微信号裂变、小程序裂变、App 裂变等。下面将按照裂变载体详细介绍。

3.2.1 社群裂变——你一定被拉进过某个微信社群

首先，我们来看最常见的社群裂变。这里说的社群，特指微信社群，通常需要用到活码工具。

常见的社群裂变流程是将裂变海报发布至社群中，感兴趣的用户会扫码进入活动群，群内的用户会按提示来做任务，即每个进群的用户都会再次转发这张海报，裂变更多的用户来参与该任务，形成完整的流量闭环。

这就产生了二次裂变，在流量闭环下继续裂变传播，就会有三次裂变甚至更多次裂变。判断一个社群裂变活动的效果如何，主要看裂变层级，裂变层级越多，覆盖的用户就越广泛，传播效果越好。

图 3-4 所示的案例是诚洋公关自营的社群"CY 妈妈福利社"做的一场以产后瘦身课为主题的社群裂变活动，海报简单、直接地说明了活动主题和时间，活动的参与流程比较简单，直接扫码即可。

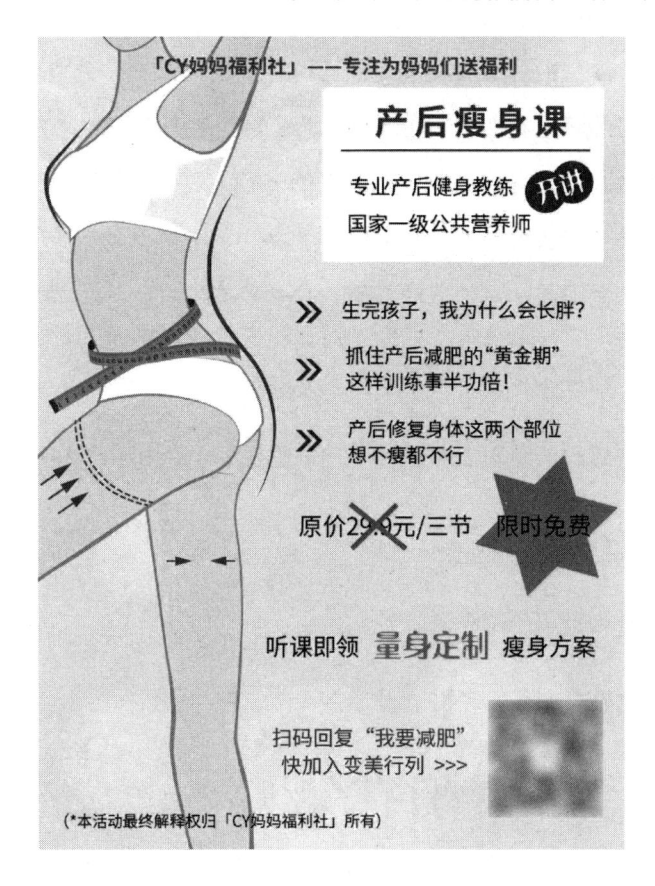

第 3 章 私域流量运营四部曲：引流—裂变—留存—转化

图 3-4

这里吸引用户的"诱饵"是专业产后健身教练和国家一级公共营养师的社群直播。用户扫描海报上的二维码，就会看到一个群二维码界面，再扫码就加入了该直播群。

海报上的二维码就应用了活码工具。在通常情况下，在一场裂变活动中，单个微信社群的二维码不足以承载参与活动的用户，扫码进入微信社群的人数有上限，也就是说只有在有限数量内的用户才可以扫码加入某个社群，在超出社群人数上限时用户就不能通过这种方式进群了，而活码工具可以很好地解决这个问题，活码技术可以将扫描该活码的用户自动分配到几个不同的微信社群内。

同时，加群后，群内会有相关的推送内容向用户展示一个裂变任务。用户会被要求转发指定的海报和文案。在图 3-4 所示的案例中，还设置了一个抽奖活动，目的是更好地激励用户保留一段时间转发的内容，更好地把控活动的传播效果，继而使裂变活动可以长效地进行下去。一个小小的抽奖活动在很大程度上提高了用户的参与度，保证了一定的传播效果。

基于活码的社群裂变，一般遵循以下裂变流程。

（1）将带有活码的海报发布到种子用户群中。

（2）用户扫码进群。

（3）提示新进群的用户完成任务。

（4）新用户转发海报，传播、分享。

（5）产生二次裂变及多次裂变，形成闭环。

社群裂变是在短时间内获取大量用户的一种有效手段，关于社群裂变的更多玩法会在第 5 章中详细介绍。

3.2.2 微信公众号裂变——邀请助力就是微信公众号裂变吗

本节介绍微信公众号裂变。如果你身边有朋友让你帮忙助力某个活动，那么很可能你需要先关注一个微信公众号才能完成这个助力动作。这就是一个常见的微信公众号裂变活动。

这类活动常见的逻辑是通过微信公众号发布一个活动海报，想参加活动的用户通过回复关键词，得到一张专属海报，再邀请好友助力，达到规定人数即可得到相应的活动奖励。裂变就产生在好友助力这一步，每个扫码助力的新用户都需要先关注微信公众号。同样，在关注微信公众号之后，该助力用户也会得到一张专属于他的海报，这就会促使更多人参与邀请助力的活动。

微信公众号裂变也是很常见的裂变方式之一。在上述的过程中，会使用到任务宝工具。

图 3-5 和图 3-6 为一个典型的微信公众号裂变活动，账号主体是一个亲子课程的平台，因为要宣传这节创意亲子黏土课，所以设置了一个免费领 24 色超轻黏土的活动，我们来分析一下这个活动的裂变部分。

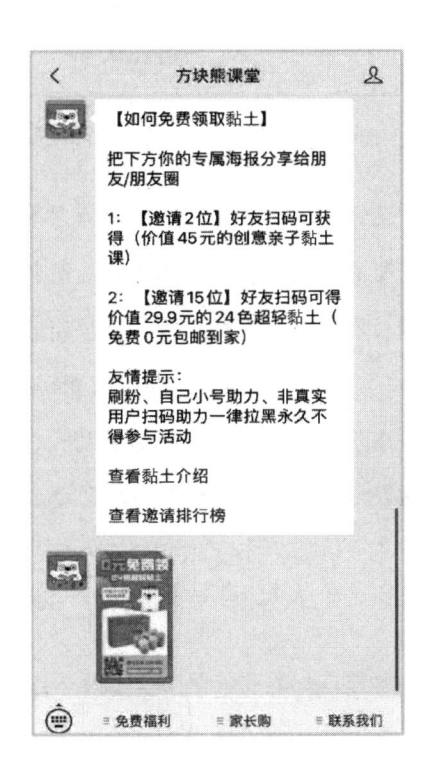

图 3-5   图 3-6

首先，裂变"诱饵"与目标用户十分契合，主活动设置为邀请 15 个人即可获得黏土奖励，但其中嵌入了邀请 2 个人即可获得一节免费的亲子课程。相比之下，完成这个任务更轻松，对于未完成邀请 15 个人任务的用户来说，他们也有收获。

同时，企业达到了宣传这节课程的目的。我们通常把邀请 2 个人获得课程奖励称为一阶活动，把邀请 15 个人获得奖励称为二阶活动。

微信公众号裂变的裂变流程如下：

（1）发布带有任务宝工具二维码的活动海报。

（2）用户扫码关注微信公众号。

（3）发布转发海报或者邀请好友的任务。

（4）新用户关注微信公众号。

（5）新用户参与活动，形成裂变闭环。

活动门槛的设置是微信公众号裂变现在面临的一个难题。活动门槛主要包括活动奖品的现金价值和邀请好友的数量两个方面。这些通常需要运营人员根据活动预算和用户人群特性等综合决定。如果活动门槛设置得太低，那么很容易出现"水军"和"羊毛党"，导致裂变得到的用户不精准；如果活动门槛设置得太高，那么用户会觉得参加活动的难度大，从而参加活动的人数变少。这就需要根据经验做好活动把控，并根据每次活动反馈的数据不断地调整策略。

3.2.3 个人微信号裂变——你愿意配合转发到微信朋友圈吗

无论是社群裂变，还是微信公众号裂变，目的都是将更多的用户引入流量池，为第三步的转化做铺垫。本节分享一下个人微信号如何裂变，如何吸引更多精准的用户。

裂变本质上是一种复利思维，简单理解就是"利上加利"的思维。裂变通常有一个临界点，一旦迈过这个临界点，就会飞速发展。个人微信号裂变一般是指

第 3 章　私域流量运营四部曲：引流—裂变—留存—转化

在潜在人群中传播精心打磨的内容，通过几个关键临界点，使内容不断被转发，增加传播时间，扩大覆盖人群。

假如你有 200 个微信好友，当你在微信朋友圈发布了一张活动海报时，或许只有 5 个人对这个内容感兴趣，1 个人愿意转发。但只要有 1 个人转发了，这张海报就可能又被 200 个人看到。裂变是一个概率事件。

我认为在个人微信号裂变中，有两个关键点，一是用户在看到之后愿意参与；二是用户为了获取利益而转发。

1. 用户在看到之后愿意参与

这点主要考查文案及海报设计是否有创意，对用户是否有吸引力，能否在几秒内牢牢地抓住用户。另外，投放人群的精准度也很重要。要注意以下两个关键点：首先，宣传文案要符合内容传播的场景。比如，微信朋友圈是一个偏生活化的场景，发布在微信朋友圈中的文案要尽可能口语化、自然化。再比如，发布在商务群中的文案要尽可能商务化。其次，海报三要素——主题、奖励、二维码是必不可少的，再加上赏心悦目的设计会事半功倍。

2. 用户为了获取利益而转发

除了内容本身可以刺激用户转发，用户为了获取利益而转发也是裂变的关键要素。一般有以下几种方式。

第一，利益后置。利益后置是指用户必须先转发，才能获取利益。由于人工审核转发的工作量太大，我们可以通过一些技术手段来实现自动审核。随着裂变活动进行，用户会越来越多，对利益的需求越来越大。我们可以选择提供一些有较高价值，且复制不产生更多成本的利益，如电子书、网络教程、人脉资源等。

第二，利益后置且利他分享。有很大一部分用户会觉得，仅仅为了自己的一点利益，在微信朋友圈转发指定的内容不妥当，也不希望被朋友们认为自己是爱贪小便宜的人。这时，我们让转发的用户和二次传播所覆盖的用户都可以获得利益，就会很好地打消一部分转发者的顾虑，这满足了社交中的利他属性。比如，常见的情况为 1 个人购买某个商品需要原价，而 3 个人拼团可享受 6.5 折。采用这样的方式，用户的接受度就会高得多。

第三，利益后置且采用低概率的最大利益。裂变活动的目的通常都是获取用户，每个活动都希望获取更多的参与人数，所以通常不会提供价值奇高的奖励，这就会使得一些用户觉得利益太少而忽略这个活动。这时，我们可以采用低概率的最大利益。简单地说，就是利用人的猎奇心理。比如，送一个用户 2 元钱和送他一张等额福利彩票，就会给他完全不一样的感觉。再比如，有 1000 个用户，我们给每个用户 5 元钱的利益让他们转发，可能不如用一张价值 5000 元的明星演唱会门票作为奖品来抽奖的效果好。

裂变活动的前置转发是一个必然条件，所以我们并不能单纯地引导用户转发，而要让用户必须转发或转介绍，才能完成一次裂变活动。我们可以尝试应用上述几个技巧来增加用户的接受度。

下面来看一个案例。一家连锁健身房做了一个"懒人减肥营"的活动，我们一起来看看这个活动的具体实施步骤。

首先，明确这次活动的目的。很简单，商家想通过个人微信号裂变积累一些用户，后期再推出一个定制化的减肥训练营，实现转化。

在活动开始前，先筛选种子用户，种子用户的精准度直接影响活动效果。我们根据现有用户的消费金额、是否购买过私教课程，以及用户近期的到店率等数据，对健身房的用户进行了一次筛选，同时针对本次活动的特殊性，还列出了所

第 3 章 私域流量运营四部曲：引流—裂变—留存—转化

有用户的体测报告，将一些偏胖的用户也加入了种子用户池，最终列出了 200 个目标用户。

本次活动的目标是通过这 200 个目标用户，裂变得到 2000 个用户，然后推出懒人减肥营活动进行收费。懒人减肥营的定价为 1999 元/人，属于高阶产品，更适合用一对一的方式运营。于是，我们邀请了 2 位专业顾问，作为本店的健康专家与每位用户逐一沟通，个人微信号就是一个很好的工具。

用户把健康专家添加为微信好友后，可以收到一些体现专业性的运动减肥视频和减肥方法论的文章，理论与实践相结合，同时专家会在微信朋友圈随机抽取 3 个人，免费制定一对一减肥方案。在与感兴趣的用户聊天时，专家会将其引导到店。

在有了以上这些内容铺垫后，用户对健康专家有了一定的信任感，再加上到店后的动作指导，就完成了一次付费转化。在付费时，用户可以选择再次在微信朋友圈宣传课程，费用可以立减 50 元。大部分用户很愿意宣传，这样就又有一批新用户会通过微信朋友圈把健康专家添加为微信好友。

个人微信号裂变也会用到很多技术手段，在这个活动过程中我们使用了以下三种裂变工具。

（1）二维码活码：即海报上的二维码是一个指向链接，该链接可以自动分配一个健康专家的个人微信号二维码。

（2）自动回复：在用户添加健康专家为微信好友后，就会启动自动回复的功能，引导用户进行转发。

69

（3）自动审核：可以在用户完成任务并发出截图后，自动进行审核，确保及时性。

在这个活动中，因为前期准备工作比较充分，种子用户是经过严格筛选的精准用户，所以传播效果很好，一周就完成了当初制定的获得2000个用户的目标。

对于线下引流来说，这是一次比较成功的裂变活动。我们需要知道，裂变只是一个拉新引流的手段，如何把用户留下来也是至关重要的，每一步都不容小觑。

3.2.4 小程序裂变——你帮朋友抢过火车票吗

微信小程序自2017年正式上线至今，已经给整个市场带来了巨大的变化，其强大的爆发力是有目共睹的。现在有越来越多的行业巨头进入了小程序领域。随着未来不断地开源，小程序必将突破超级App的封闭，让移动互联网变得更加开放。

每逢年关，春运都是绕不开的话题。借着春运的风，各类抢票小程序火了一把，"大佬，点一下加速，送我回家吧！"不知道你有没有收到过这类小程序呢？这就是小程序裂变。

不同于App，无须安装、无须关注、功能简单、点开即可直接使用的小程序，在微信的传播环境中，能够更好、更直接地触达每一个用户。本节主要介绍依赖于微信社交生态的小程序裂变是怎么做的。

常见的小程序裂变有以下几种，即功能裂变、活动裂变、微信朋友圈裂变、社群裂变。

（1）功能裂变：通过赋予小程序使用的功能性来进行裂变，例如抢票加速、

第 3 章 私域流量运营四部曲：引流—裂变—留存—转化

购物拼团等。

（2）活动裂变：结合实际的活动运营，通过小程序为内容引流裂变。

（3）微信朋友圈裂变：这类裂变通常会借助有小程序码的海报、文章等。

（4）社群裂变：依赖于每个独立用户的社交网络，对小程序进行分享传播。

以抢票小程序为例，下面分析一下小程序裂变的全过程。

小张的目标是抢到一张去北京的火车票，在使用了某个抢票小程序后，收到了"去北京的火车票太难抢啦，快召集您的好友帮您加速吧"这样的提醒。小张迅速进行了转发，把小程序发布到各个好友群，在转发的同时写了"请大家帮忙点一下，谢谢了！"在好友群中的小刘看到了小张的这个小程序链接，同样有抢票需求的小刘也使用了这个小程序，随后他也顺理成章地把这个小程序发布到他的各个好友群中。

抢票小程序借助春运抢票这个刚需，快速地获取了庞大的用户群体。既不用下载也不用关注，用完即可关闭的小程序完美地让用户参与难度降到最低，再借助社交能力的高效传播，在短期内曝光量大幅提高。

小程序的裂变效果可以接入小程序数据助手，以便获取裂变数据。如图 3-7 所示，通过小程序数据助手，我们可以看到数据概览、访问分析、实时统计和用户画像。其中，用户画像可以按用户的年龄性别、省份城市及终端机型来分类。我们可以看到活跃用户的数量和比例等，通过这些指标综合评估裂变效果。

同时，小程序数据助手还有页面分享报表，可用于查看各个页面被分享的情况，以便我们了解哪个页面更吸引用户。我们还可以通过自定义时间、用户画像、用户留存等辅助信息了解裂变活动的效果。

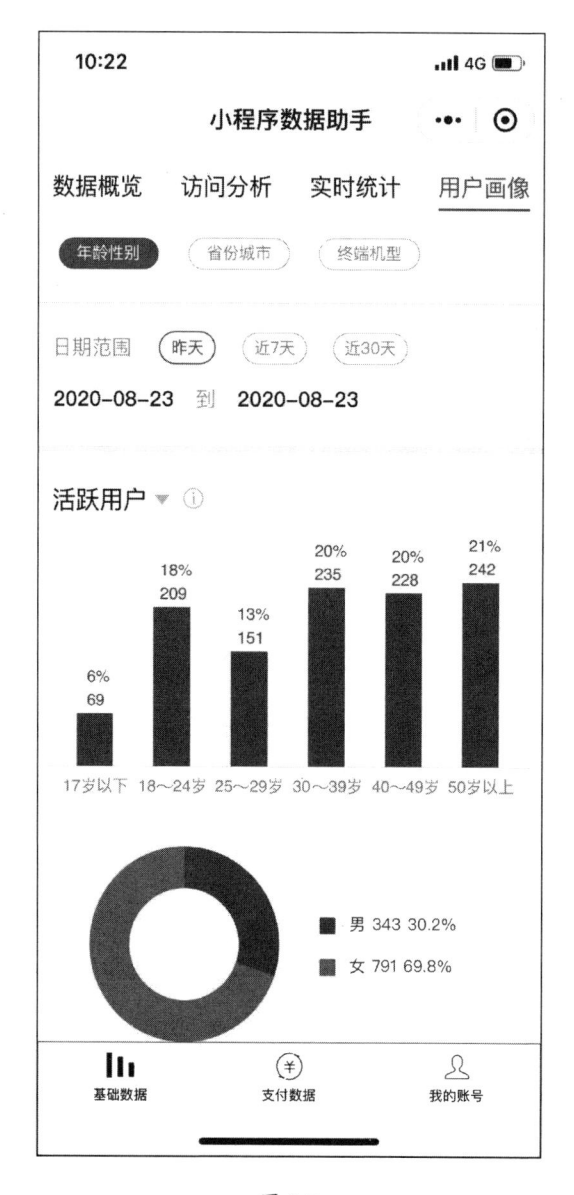

图 3-7

3.2.5 App 裂变——你领到拼多多的红包了吗

下面介绍 App 裂变。提到 App 裂变,就不得不讲到拼多多这个靠裂变获取大量用户的现象级 App。

第 3 章 私域流量运营四部曲：引流—裂变—留存—转化

对于拼多多的裂变活动，你一定不陌生。它的裂变活动做得非常成功。一个用户只要在微信环境中打开活动链接，就会看到确认收钱的界面，100 元现金红包对任何一个用户的刺激都是极大的。下载拼多多 App，真的能获得 100 元现金红包吗？带着这样的疑问，用户下载并打开了拼多多 App，果然直接就收到了 98.12 元，并提示只差 1.88 元就能得到这 100 元的奖励了。怎么才能凑够这 100 元呢？需要用户邀请好友帮他助力，这样用户裂变闭环就形成了。

刚开始使用拼多多 App 就获得了 90 多元，用户会觉得达到 100 元是一个很容易完成的任务，于是邀请好友的意愿通常很强，毕竟这是得到 100 元现金红包的诱惑啊！

在刚开始时可能有好友助力，增加了 8 角，但是到了裂变后期，一个好友助力，只能增加 1 角。难度越来越大，最后邀请一个好友助力，只增加 1 分钱。在这样的裂变设置下，只有持续邀请更多的新用户，才能获得这 100 元现金红包。对于拼多多来说，这个裂变活动不仅可以充分地调动用户参与的积极性，同时还很好地控制了流量成本。

值得注意的是，微信作为国内影响力最大的社交软件，对于提现、砍价之类可能会影响用户体验的营销行为的监管力度在逐步增加。

关于裂变活动，就先介绍到这里。我们在设计裂变活动前，通常会先做案例研究，对同行业做过的裂变活动进行梳理，分析其优点和可优化的空间。万变不离其宗，好的裂变活动一定是由足够吸引用户的利益点和好的裂变流程设置共同完成的。

3.3 留存：流量只是过客，留存才是核心

前面讲到的引流和裂变两个环节，本质是增加私域流量池中的用户量，而留存更多的是对这些增量用户进行维护和管理。

3.3.1 留存策略（一）——精细化用户运营

相信做运营的人对精细化用户运营这个概念一定不陌生。精细化用户运营就是根据不同用户的情况做有针对性的用户运营管理。这是提高用户留存率的重要基础，便于后续的用户转化。

精细化用户运营首先要对用户分层。一般来说，有两种常见的分层方式，一种是根据用户行为分层，另一种是根据用户属性分层。

以线上教育行业为例，我们可以试着将企业私域流量池中的用户进行分层，那么按用户行为分层，用户可以分为以下几类：

（1）核心用户：购买过正价课程并产生复购行为的用户。

（2）重点用户：购买过正价课程的用户。

（3）一般用户：参与过免费试听课程的用户。

（4）潜在用户：未产生任何参与行为的用户。

将私域流量池中的用户进行分层之后，我们就可以根据用户的不同行为特点匹配相对应的运营策略。对于客单价较高的企业来说，维护核心用户和重点用户是比较重要的，如果不分层就分辨不出他们。

按用户属性分层，又将是什么样的呢？

按用户属性分层，用户可以分为以下几类：

（1）用户身份：是否为适龄青少年的家长？他的孩子几岁？需要什么样的课程？

（2）用户地域：是一线城市还是四线城市的用户？教育环境的差异化如何？

（3）用户性别：是偏理智的男性消费者，还是为了孩子心急的妈妈？

（4）用户消费能力信息：曾给孩子报名学习过什么价位的课程？

（5）其他用户属性信息：需要课程的紧迫度，以及孩子的成绩如何等。

对用户属性进行分层，我们可以合理地调配运营资源，定制化地推荐相应的产品，更好地了解用户需求，这样才能有效地完成转化，并且可以分辨出其中哪些是重点客户、哪些客户的成交率高，以便进行重点维护。

用户在沉淀到私域流量池后，精细化用户运营是用户留存的重要保证。

这里还要提到关于用户激励体系和用户生命周期管理的部分，在 4.1 节会详细介绍。

3.3.2 留存策略（二）——内容为王

私域流量运营在企业运营中承担着重要角色，一方面体现在收集并沉淀用户，以便企业随时触达，另一方面，企业可以通过内容传递品牌主张和产品信息等。内容是能否成功搭建企业私域流量池的关键因素。

这里的内容指的是在运营过程中传递给用户的有效信息，传统的客户关系管理更注重营销性的活动，而私域流量运营更注重内容为王的特性。用户沉淀至微信社群、个人微信号和微信公众号中，更方便看到企业发布的内容。

做内容，就要满足用户对内容多元化的需求。内容形式通常包括文字、图片、视频等。在私域流量池中，内容主要是微信公众号的推送消息、微信社群内的官方信息、个人微信号的点对点消息、微信朋友圈内容等。

如何制作适合企业私域流量运营的内容呢？以下是我总结的关于企业私域流量运营内容的规划。

1. 日常性的碎片化信息

日常性的碎片化信息主要为点对点的私信内容、微信社群内容及微信朋友圈内容等信息，这类信息具有文案短、需求量大、文案精准、可以吸引用户眼球等特点。我通常会在前期做好内容储备，建立内容库，以便随时调取。内容库一般由吸收归纳和总结完善两个步骤实现。吸收归纳是指将行业内精品的内容结合企业自身情况做收集，形成初步的内容库。总结完善是指在实际运营过程中对内容库中的内容不断调整完善。内容库通常包含两类内容，一类是企业要主动分享的内容，另一类是用户交互内容，即Q&A内容库。

2. 临时性信息和定制化信息

做过内容的人一定了解，不论做了多少准备工作，都会有一些临时性的内容需要更新。比如，公司上架新产品需要发布微信公众号文章，遇到突发大事件等临时状况需要传递内容。关于这类信息，原则上要建立一个内容沟通小组，由决策人和内容生产者共同完成这个临时性任务。

以母婴群的运营为例，用户可能最初只是被一个"清明节带孩子出游，应该注意什么"的免费讲座吸引过来。在以后的一段时间里，我们都坚持在群里给用户分享亲子互动的小技巧，用户在群内可以持续地获得内容，这就是日常性的碎片化信息。可能在两周后，群里又更新了"换季了，如何预防宝宝生病"的基础知识分享，这就是根据季节和气候变化输出的一条临时性信息。

3.3.3　SOP 让你少走一半弯路

标准作业程序（Standard Operation Procedure，SOP）是指将某一事件的标准操作步骤和要求以统一的格式描述出来，用于指导和规范日常的工作。SOP 的精髓是将细节进行量化。通俗来讲，SOP 就是对某一程序中的关键控制点进行细化和量化。

在私域流量运营中，因为环节多而复杂，所以在落地过程中通常会遇到前期没有考虑到的问题，有了 SOP 的支持，一方面，我们能够在执行前对运营活动的逻辑有整体性了解，另一方面，方便在活动执行后对结果进行评估、整理并做流程优化。

图 3-8 就是一个典型的 SOP 模板。一个 SOP 通常会包含以下信息：①事项，即需要处理的工作内容；②时间，即每个事项在何时被处理；③部门，即这件事是哪个部门负责的；④人员，即责任到人。这样就可以明确这个事项在什么时间由哪个部门的谁来处理。如图 3-8 所示，项目 A 分为事件 1 和事件 2 两项内容，事件完成是有先后顺序的，事件 1 要先被完成，事件 2 才能被推进，并且需要不同的部门来配合执行。要想让事件如期、顺利进行，就需要将事件明确到某个部门的某个执行同事身上。市场部的小张需要在上午 9 点执行项目 A 的事件 1，在完成工作后把任务提交给技术部的小王，小王在接到任务后，在上午 11 点准时执行事件 2，以确保项目 A 顺利进行。

私域流量运营 SOP 要写得尽量多，以便在落地执行时及时对照，并确认 SOP 中各项内容进展顺利。同时，私域流量运营 SOP 也需要与内容生产机制做好配合。

事项	时间	部门	人员
项目A事件1	9:00am	市场部	小张
项目A事件2	11:00am	技术部	小王
项目B事件1	14:00pm	财务部	小李
项目B事件2	16:00pm	人事部	小刘

图 3-8

3.3.4 如何选取留存评估指标

对于用户留存做得好不好，通常要参考的评估指标有哪些呢？可以参照以下几个数据指标：

（1）活跃用户数。例如，日活跃用户数、周活跃用户数等。我们可以通过活跃用户数来分析和判断用户对流量池的依赖、信任及喜爱程度等。

（2）流量池中用户的流失率。我们可以通过比较流量池中用户的流失率与用户自然流失率来判断用户运营和留存成果。

（3）流量池中用户的留存率。我们可以通过比较流量池中用户的留存率与用户自然留存率来评估用户留存成果。

以某企业的微信公众号为例，对于活跃用户数，我们可以分析推送文章的打开率/转发率/在看数，对于流量池中用户的流失率和留存率，我们可以分析每日新增关注人数/取消关注人数、每篇推送文章的互动量（即内容评论留言数/留言点赞数及微信公众号后台的留言数）等。

在有了这些数据后，我们才能对企业的私域流量运营工作的效果做出相应的评估。

3.4 转化：一切不产生转化价值的流量都是无效流量

私域流量运营中的转化率通常是指用户对产品或服务的付费成交比例。转化是私域流量运营中不可或缺的环节，而转化率决定了下一个阶段用户增长的质量。

我认为良好的转化体系需要满足以下三个关键要素：信任、需求和冲动。

3.4.1 转化源于信任

用户愿意购买我们的产品或服务，首先是因为信任。知名的企业对用户来说都有信任基础，也就是我们常说的品牌信任背书。这种信任是从何而来的呢？

著名的麦肯锡信任公式如下：信任=可靠性×资质能力×亲近程度/自我取向。其中，信任有以下四个关键影响要素。

1. 可靠性

可靠性即产品的可靠性、企业的可靠性、团队和内容的可靠性，以及其他能佐证该企业及产品可靠性的信息等。简单来说，可靠性就是靠不靠谱。如果一个企业、一个产品或者一个客服能够长时间给用户靠谱的感觉，就建立了信任的基础。这种可靠性建立起来通常很难，但如果毁掉却很简单，仅仅一次言而无信，就足以毁掉长久以来付出的努力。这是企业及个人都害怕负面消息的原因。

2. 资质能力

资质是指产品或服务的资质，比如企业是上市企业，企业获得的奖项，个人的外在头衔和称号、内在的工作能力等。当资质和能力匹配时，会使信任值加成。

3. 亲近程度

对方做事靠谱，资质能力不错，但是和你不熟、不亲近，就很难建立信任关系。比如，亲人就比陌生人更容易建立信任关系，有天然的优势。如今在社交网络上，很多年轻人会与企业官方微博用评论互动，这也是一种亲近的方式。

4. 自我取向

企业要想发展就要充分迎合市场需求和用户需求，绝不能闭门造车，要尽量站在消费者的角度思考问题。个人也一样，太自我的人很难得到他人的信任。

除了麦肯锡信任公式，我认为现实生活中还有两种可能会破坏信任的因素，一种是信息黑洞，另一种是信息冗余。

信息是他人了解你的渠道。如果在互联网上几乎搜索不到一个人或一家企业的任何相关信息，那么这个人或这家企业就陷入了信息黑洞。只有给用户了解的空间，用户才可能信任你。

信息冗余则是指在互联网上传播没有统一口径，甚至有大相径庭的文案。信息冗余极大地影响了用户对产品及公司的信任，这就需要公关部门对整体传播内容进行细致的规划。

2019年，淘宝直播大热。据说很多女生在淘宝上看两小时的直播，就不太可能空手而归，一定有所收获。这其中也包括我。这些淘宝主播是如何获取用户信任的呢？

第3章 私域流量运营四部曲：引流—裂变—留存—转化

我们套用麦肯锡信任公式来分析一下。

（1）可靠性。可靠性分为两种，第一种是产品的可靠性，据很多淘宝主播的选品团队透露，从商家寄送样品到最终被筛选上直播，只有大概10%的通过率，可见用户在直播间看到的产品，就已经被附上了"精品""10%"的标签。同时，这个淘宝主播也给自己包装了一个选品十分严格的主播形象，这就是可靠性的第二种，淘宝主播"人设"的可靠性。关于"人设"这部分的详细内容，会在第4章中介绍。

（2）资质能力。每个淘宝主播都有自己不可代替的个人特色，很多产品经过其介绍后，就会让人产生想买的冲动，这里综合了产品卖点的发掘、对行业的了解以及对用户心理的把控，再配上朗朗上口、易于传播的仪式感口号，如"买它买它""三、二、一，上链接"等，共同组成了观看淘宝直播的特色仪式感。

从营销传播的角度来说，团队在背后做了很多准备工作，才出现了每晚上架秒光的现象。

（3）亲近程度。很多头部的淘宝主播有上千万个粉丝，已经有了"出圈"的能力，不断提高自己的个人影响力，寻找不同方式的营销策略，让越来越多的女性用户愿意花时间去看他们的直播，这在无形之中就增加了用户与他们的亲近程度。

（4）自我取向。以美妆博主为例，很多淘宝主播都是专柜美容顾问（Beauty Advisor，BA）出身的，非常专业。用户要什么，主播再清楚不过，真诚不自我，站在用户的角度去选品及介绍，我认为这是淘宝主播能够获得用户青睐的关键。

信任是转化的重要一步。麦肯锡信任公式展示了信任的来源，即可靠性、资质能力等。了解程度越高，用户越容易产生信任感；自我取向越显著，越不容易产生信任感。只有站在用户的角度，用户才会信任你。

3.4.2 好的转化需要创造用户需求

在这个商品快速消费的时代，我们或多或少都买过"无用"的商品，但在下单的那一刻，都会觉得它一定能派上用场。

我理解的用户需求有三个层面。

第一个层面是用户真的需要。比如，一个用户来到超市，打算买两个碗，导购 A 就给这位用户拿了两个碗，这是满足了用户需求；导购 B 则给用户推荐了碗筷套装组合，即一套花式统一又很好看的组合品，用户也不觉得跟自己的需求"违和"，但其实这个用户可能原本并不需要筷子，这是第二个层面，引导用户需求；导购 C 在给用户拿碗的同时，顺便推荐了洗碗用的万能百洁布，并为用户演示了百洁布神奇的去污效果，在直观展示下，确实让人心动，导购 C 推荐的商品本身又是消耗品，会有用户欣然地接受这个推荐，这就是第三个层面，创造用户需求。

为什么说是创造用户需求？虽然用户可能需要百洁布，但是其实用户的家里并不缺少这块百洁布。从理性上考虑，不论哪一款百洁布都只是辅助洗碗的工具，而决定碗是否洗得干净的因素有很多，不止取决于这块百洁布。相信在没有购买这块百洁布之前，用户从来没有觉得家里的碗洗不干净吧。总之，是有人为用户创造了这个需求，让用户觉得一定需要这款商品。

总结一下，关于用户需求的三个层面：满足用户需求、引导用户需求、创造用户需求。

3.4.3 如何让用户产生冲动

做出消费的决策通常只是一瞬间的，而这种冲动往往是非理性的，让用户产

第3章 私域流量运营四部曲：引流—裂变—留存—转化

生非理性消费，是每个商家梦寐以求的事情。

要想让用户产生冲动型消费的关键在于，深度挖掘用户在场景中特殊的行为动机，并围绕这种行为动机分析需求，最终落地到产品功能或产品设计中。

在人们的日常消费行为中，消费行为发生的场景是复杂多样的。我们通常会根据不同的消费动机、消费对象以及用户的消费心理，把消费场景分为稳健型消费场景、普通型消费场景和冲动型消费场景。

其中，在稳健型消费场景中的消费者会选择高价值的消费品。比如，房子和车子等与生命健康相关的必要性消费品。用户表现得较为谨慎，交易意愿主要产生在对消费品分析对比的环节。

在普通型消费场景中的消费品多为快消品，价值远远低于稳健型消费品，因此用户在消费的过程中，交易意愿不会呈现较大的波动，而且随着用户对品牌消费体验不断深入，大品牌会对用户的消费忠诚度形成正向的促进作用，使用户的交易意愿被不断提高。

冲动型消费场景是怎样的呢？与前两者相比，这类消费行为比较特殊，通常是指用户在外界因素刺激下，所进行的事前没有计划或意识的消费行为，如图3-9所示。

总结一下，冲动型消费者一般是在事前无意识、无计划，由于某些奖励活动、降价优惠等外界因素刺激而产生消费行为的对象，其发生场景具有多元化的特征。

（1）在保证用户体验的基础上，尽量缩短用户的交易路径。从图3-9中可见，在冲动型消费场景中由于没有固定的消费需求，用户的交易意愿处于持续波动状态，这种波动状态受多种因素的影响，因此在引导用户完成交易的过程中，我们需要尽量缩短交易路径，使流程轻量化，降低交易门槛，减少用户流失，可以在必要时帮助用户进行快速决策，为用户提供合适且有个性化的默认服务等。

（2）对商品SKU（Stock Keeping Unit，库存量单位）进行扁平化管理，尽量缩短用户的选择路径。传统电商基于用户自身的理性需求，通常在选择某件商品时对其SKU属性进行仔细筛选，如颜色、尺寸、材质、版本等。

冲动型消费模型

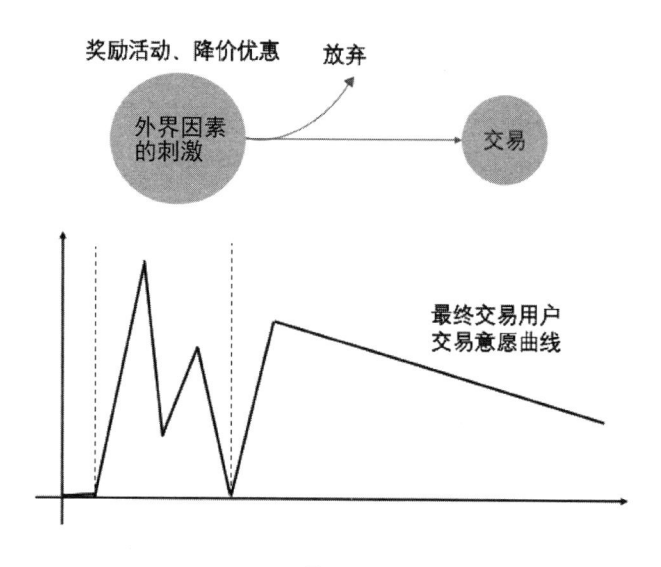

图3-9

图3-10为一款电子商品的选择界面，也是用户在购买商品时必用的操作界面。在冲动型消费场景中，更建议把同一款商品的不同SKU设置成不同的购买链接，这样做的目的是缩短用户的选择路径。这样一来，一旦用户选定了某一个商品，就加速了交易，简化了在该场景中的交易流程。

（3）尽量选择低价格的商品，让用户冲动消费。高价格的商品通常会降低用户的消费冲动程度，阻碍最终交易的形成。因此，在活动设计时，我们应该优先考虑低价格的商品，尽量降低用户的购买成本，将收益均摊到用户数量上，也就是薄利多销。

第3章 私域流量运营四部曲：引流—裂变—留存—转化

图 3-10

（4）持续强化刺激，可以促进用户冲动消费。正如上文所提到的，冲动型消费的主要动力来源不是用户需求，而是外界因素的刺激。我们可以在用户消费的过程中持续强化并为商品营造奖励刺激的氛围，具体可表现为额外奖励、限时优惠等标签元素，以便促进用户交易。

（5）对异常情况及时提醒，也可以促进用户冲动消费。在冲动型消费场景中，针对某些在交易途中放弃购买的用户，商家通常会通过异常提醒的方式（如特价活动还有1小时结束或商品库存即将消耗完等）促使用户完成交易。

美国著名经济组织决策管理大师赫伯特·西蒙（Herbert A. Simon）曾在《西蒙决策理论》中提到过决策的有限理性原则，即在现实生活中，作为单一决策者的人是介于完全理性与非理性之间的"有限理性"个体。在实际决策中，每个个体的知识、信息、经验和能力都是有限的，不可能达到绝对的最优解，只能在考虑风险和收益等因素的情况下，做出自己较为满意的满意解。所以，西蒙认为，人类的行为是理性的，但不是完全理性的，二者之间的临界并非是完全绝对的，即理性是有限的。没有一个用户是完全理性消费者。

线上的冲动型消费具有广泛的应用场景，因此在设计冲动型消费商品时，关键在于深度挖掘用户在场景中特殊的行为动机，围绕行为动机进行分析并设置目标。

3.5 私域流量运营的路径设计

在了解了私域流量运营四部曲后，我们来探讨一下私域流量运营的路径具体是如何设计的，以及如何提高转化率。

以线下母婴店为例，按照私域流量运营四部曲（引流—裂变—留存—转化）来设计。

我们将用户池分为三个维度，即潜在用户池、到店用户池和私域流量池，如图3-11所示。我们可以通过地推引流和实体店铺引流两种方法实现用户从潜在用户池转化到到店用户池，在引流后通过内容做留存，把用户沉淀到私域流量池内。线下母婴店选择沉淀用户的工具一般为个人微信号，这就形成了一个私域流量种子用户池。线下母婴店可以在池中进行线上活动裂变，以此增加用户量，同时还可以设置线下裂变活动。

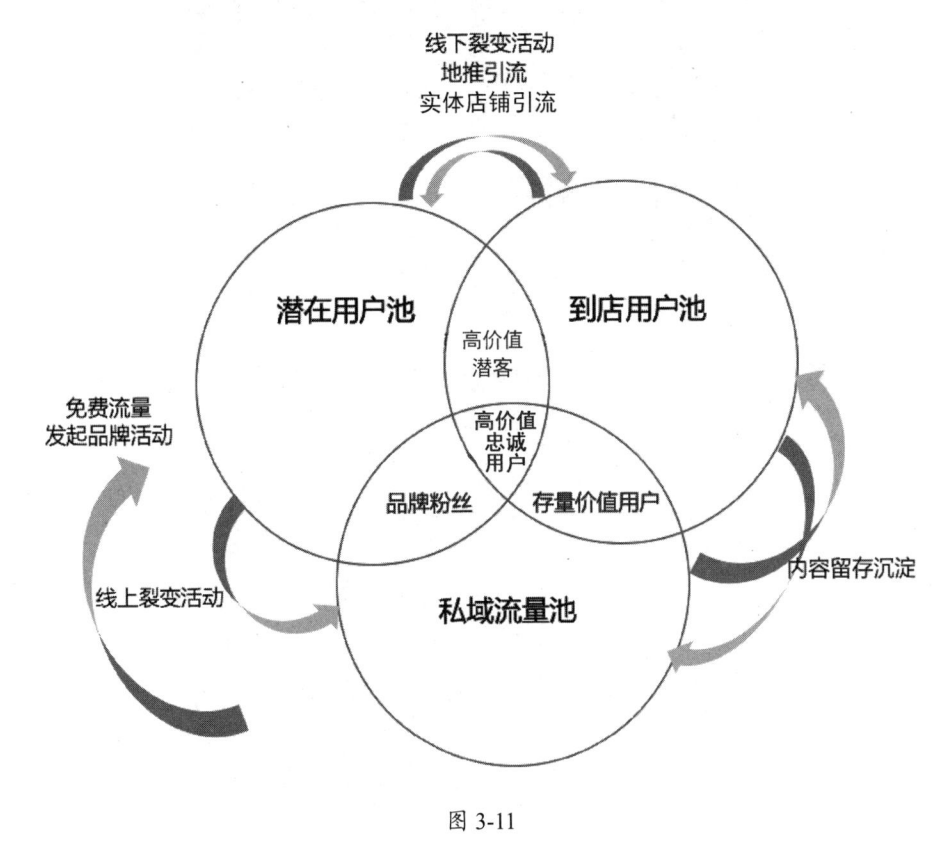

图 3-11

专注于新零售的口袋有物生活零售空间，在 2019 年平安夜的活动中，就很好地利用了这个原理。它先利用"进群免费领 1 斤苹果"的引流手段，通过"1 斤"和"免费"很好地抓住了用户，辅以宣传手段实现了把用户大范围地留存到社群，如图 3-12 所示。

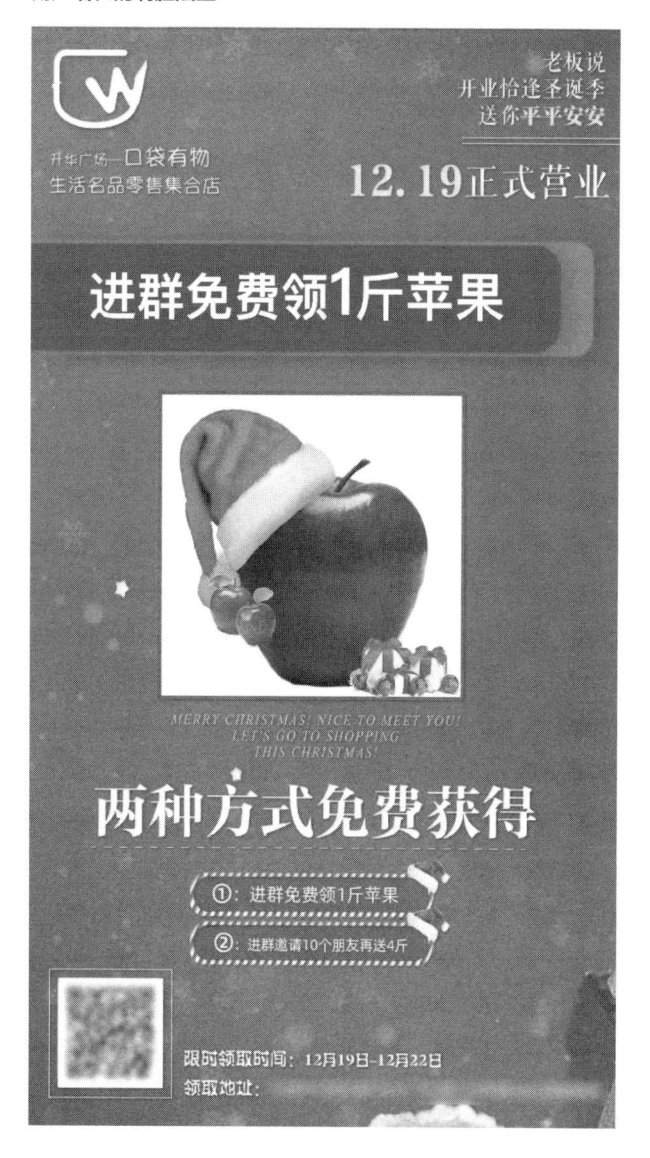

图 3-12

　　它将种子用户沉淀到私域流量池中，再针对种子用户策划裂变活动，用户进群就能获得1斤苹果，邀请10个人进群，可以再获得4斤苹果。这个裂变活动恰逢平安夜，用户对苹果这个"诱饵"很感兴趣。最终这场裂变活动，将有限的种子用户裂变成无限多个可能会产生后续消费的用户，并让其来到了店里。

第3章 私域流量运营四部曲：引流—裂变—留存—转化

在活动中，奖励的苹果可以到口袋有物实体店铺中进行核销领取，同时核销也可以带动店内其他商品的销售，进而实现流量变现闭环。

这就是一个简单的私域流量运营路径，通过三个用户池的用户融合，可以更好地筛选出用户对品牌的忠诚度。

我们再来看一个案例：通过社群卖保险。在没了解蜗牛保险平台前，我也觉得不可思议。

不知道你在玩手机的时候，有没有看到过《我为什么劝你别轻易买保险？》这篇文章。

根据业内人士估算，这篇文章（包括其相关的变形文章）的投放金额超过一亿元。蜗牛保险平台能投放这么多钱，从侧面说明了投入产出比高，转化效果不错。

下面来看一下蜗牛保险平台是如何设计运营路径的。还是遵循私域流量运营四部曲，在引流环节中使用了文章，将文章投放到大量渠道。

这篇文章有什么特点？

标题足够吸引眼球，通过反套路吸引用户。文中存在真情实感，引起用户共鸣，以故事引入。这篇文章的内容遵循了以下两个逻辑：一个逻辑是没买保险，遇到事故导致人生惨剧；另一个逻辑是买了保险，后来却发现自己买错了。用户的兴趣就这样被充分调动起来了。文章再结合一些有说服力的信息，会给用户造成很强的冲击，用户会觉得保险真的是必需品、自己买的保险可能也有问题等。

引流文章做好了铺垫，最后会引导用户进群听一节免费的专业讲座。这个讲座主要普及保险的基本知识，加强用户对保险的了解。请注意，这里并没有说直接卖保险。急于转化是很多商家的通病，只有了解用户的决策逻辑，在恰当的时间转化才会事半功倍。如果直接向用户推荐一款保险产品，可能就会流失很大一部分用户。

让用户进群听免费讲座不容易被拒绝。在引导用户进群后，就要对社群进行包装了。讲座的主题是免费普及保险知识，前期的引流文章已经激起了用户对保险知识的强烈需求，因此社群的氛围可以很好地搭建起来。在讲座中充满仪式感和参与感，讲师相对专业。在讲座结束后，用户就对保险知识有了基本了解，平台和讲师也在这个过程中树立了专业的形象，讲座中传递的某些观点已经根植在用户的脑海中了。

接下来，是不是要开始卖保险了？蜗牛保险平台也没有。

为什么没有？首先是匹配度的问题。基于保险定制化的属性，如果在几百个用户的群里直接推荐某一款产品，那么该款产品一定不适合所有用户，转化效果不会太好，再加上还没有了解每个用户的情况，直接推荐产品反而显得不专业。其次，从用户的角度考虑，虽然用户对该平台和讲师有了一定的信任，但并不一定要在这里买保险，平台十分清楚自己的定位。这点尤为重要，千万不要盲目自信。

最后，蜗牛保险平台选择了给用户推荐定制保险的服务。用户只需要花几十元的服务费，就可以知道适合买什么样的保险。在定制保险的服务中包含了具体的保险产品。这时，用户再通过平台购买这款保险产品就显得十分自然了。

我们来分析一下蜗牛保险平台是如何提高转化率的。首先，大部分进群的用户都有购买保险的需求，但对保险不太了解。在听了免费讲座后，用户收获了一些知识，也认可了平台的专业度，再加上定制保险服务的价格很低，用户购买的意愿就相对强一些。最后，用户在这个过程中付出了一些时间成本，所以会重视这个服务，从而提高了后续的转化率。

蜗牛保险平台是靠每个用户支付的几十元赢利的吗？当然不是。可以说，前面都是铺垫，到这里转化才刚刚开始。

试想这样一个问题，你身边有一个懂保险的朋友，你找他咨询自己适合买什么类型的保险，他给出了专业的建议，成交率会不会增大很多呢？

在微信社群多对多式的交流环境中，群友们可以通过其他人的案例和专业的解答产生信任，在课程转化中，也容易互相影响，营造出良好的气氛。蜗牛保险平台很好地抓住了这一点。合理地设置流程，充分地利用微信社群的特性和优势，这种模式被快速复制，一个有效的策略被反复使用。根据公开数据显示，蜗牛保险平台在2019年1月获得了千万元融资，同年4月获得了上亿元融资，可谓将一种有效的运营路径用到了极致。

如果你也有意愿搭建自己的私域流量池，就要结合行业特点和企业自身特点找到可复制的运营路径。

本章小结

在阅读完本章后，我们一起来总结一下私域流量运营的四部曲及其应用。

（1）引流的两大核心关键点是引流诱饵和补贴逻辑。

（2）引流方式不局限于行业，即线下企业既可以做线上引流，也可以做线下引流，线上企业也是一样的。

（3）裂变是在引流的基础上，通过活动让引流来的基础用户继续增加；裂变要想成功主要取决于种子用户池的质量和数量、裂变逻辑设计、用户利益点设置、用户体验及裂变工具的选择等。

（4）不建议承载用户的私域流量池太多和太分散，选择一两个自己比较熟悉的"容器"，多装点流量比较重要。

（5）在用户留存过程中，或许你觉得用户分层的工作量大、见效慢，但要相信只有真诚地对待用户，用户才有可能给你回报。

（6）精致的内容是私域流量运营的重要武器。

（7）对做完的活动进行总结与准备一个新的活动同样重要，只要总结复盘就一定会有收获。

（8）在私域流量运营中，如果找到了适合自己企业的简单、有效的用户增长方式，那么建议快速、多次复制。

第4章

如何用个人微信号做私域流量池的载体

在第3章中，我们一起探讨了私域流量运营的四部曲——引流、裂变、转化、留存。应该如何选择用来沉淀用户的流量池呢？在接下来的几章中，我会分别介绍如何用个人微信号、微信社群及微信公众号做私域流量池的载体。

众所周知，微信作为一款现象级 App，承载了大部分中国移动互联网的活跃用户。因其用户量级过于庞大，以至于各个行业的企业主都能在微信聚集的大量活跃用户中，找到自己的潜在消费者。微信这款 App 可谓企业主的流量金矿，这也是用微信搭建私域流量池的核心优势。我们先来看广受企业主追捧的个人微信号。

在介绍个人微信号之前，我们先来了解点对点网络这个概念。点对点网络是一种无中心服务器、依靠用户双方个体间交换信息的网络体系。点对点网络会缩短以往的网络传输路径，减少节点数，以降低传输资料丢失的风险。这种双方都是个体的传输网络就叫点对点网络，个人微信号从联系双方的角度来说类似于"点对点网络"的交流方式。这也是个人微信号作为沉淀用户的流量池的优势之一。

4.1 你真的了解个人微信号吗

相信你至少有一个个人微信号，有些微信用户可能还不止一个个人微信号。你真的了解个人微信号、个人微信号所产生的营销属性，以及个人微信号是如何连接企业与潜在用户的吗？

我们先来看一下，作为一个私域流量池的沉淀工具，个人微信号都有哪些特点。

1. 个人微信号的触达率和打开率较高

从腾讯集团发布的年报及外部咨询公司公开的数据可知，微信的日活跃用户数（Daily Active User，DAU）高达10亿个。这里的DAU指的是除了重复登录的用户，当日登录或使用了微信的用户数，每个用户平均单日使用微信的时长高达74.1分钟。这些数据足以说明微信这款产品的伟大，它的用户黏性极强。正是因为如此，企业员工在和潜在用户成为微信好友后，发送出去的私信内容有极大的概率会被用户接收并阅读，这一点是传统的客户关系管理工具梦寐以求的。

2. 个人微信号的互动属性很强

上文提到点对点式的私信和微信朋友圈的点赞、评论等，都可以和用户产生很强的互动。其中，点对点式的私信互动更具有亲和力。我们与微信中的一个好友用私信沟通没有障碍，可以做到及时、准确、高效。在使用个人微信号聊天的过程中，我们可以使用一些合适的表情包，很好地丰富自己的人物形象，这可以在了解用户需求的同时，在用户心中塑造良好的形象。在微信朋友圈，我们不仅可以与用户进行点赞或评论互动，以一种不太打扰对方的方式，加深用户对我们的印象，同时还可以自发地策划发布到微信朋友圈的内容。图 4-1 是一个比较常见的微信朋友圈点赞抽奖活动，提高了与用户的互动性。

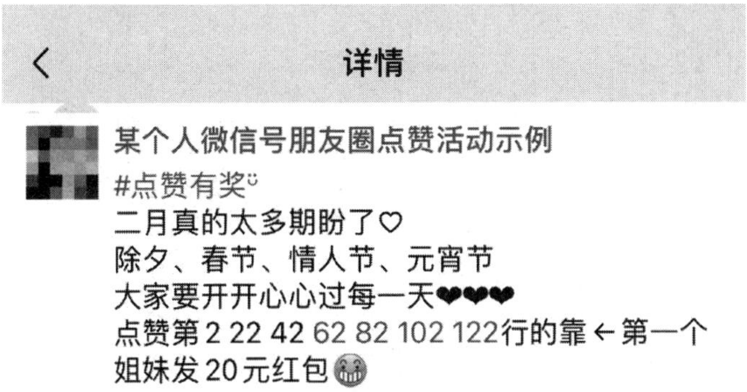

图 4-1

个人微信号的互动属性强也是一把双刃剑，一方面可以满足用户对信息多元化的沟通需求，另一方面也会增加企业社群运营的人力成本。

3. 个人微信号触达的及时性

这是指我们发出的信息可以快速、准确、及时地传递给用户，同时微信的用户对产品本身着有天然的黏性，信息的打开率很高，用户几乎会在第一时间阅读到个人微信号传递的内容。

4. 个人微信号、企业微信的使用场景和内容形式都很丰富

对于使用场景，上文提到了私信、微信朋友圈消息的互动形式。内容形式就更丰富了，如图 4-2 所示，包含了文字、图片、视频、小程序等。内容形式的选择空间很大，应用手段十分多样，我们可以组合使用内容。个人微信号充分满足了企业主向用户传递多样性内容的需求。

个人号微信号——私信	个人微信号——朋友圈	企业微信
• 文字/语音 • 图片/视频 • 表情 • 小程序 • 音乐 • 红包 • 文件/名片 • 第三方链接	• 文字 • 图片/视频 • 音乐 • 第三方链接	• 文字/语音 • 图片/视频 • 表情 • 红包 • 文件/名片

图 4-2

图 4-2 中提到的企业微信，也属于个人微信号的一种，但企业微信具有更强的办公属性，方便企业与合作方建立客户关系管理系统。企业微信作为私域流量池，在用户触达和沉淀上有自己独特的优势。每个企业微信的使用者都公开了自己所在的公司和职位等身份，这首先有了一个基础的信任背书。但它同时也有一些弊端，比如因为过于商务化，可展现的内容形式不如传统的个人微信号丰富，互动功能比较有限，但企业微信在不断地更新迭代，现在已经可以分享小程序了。

4.1.1　个人微信号的流量成本及收益核算

在了解了个人微信号的基本特点后，这个沉淀用户的流量池是否适合应用在你所从事的行业呢？在本节中，我们一起来核算一下个人微信号的流量成本和收益。核算流量成本和收益的主要目的是，更好地判断用个人微信号搭建私域流量池是否为最优方案。

我把流量成本分为以下几个部分。

（1）人力成本。人力成本也就是搭建私域流量池需要用到的运营人员成本。

选择用个人微信号做用户沉淀池,人力成本主要是运营产生的人员支出,具体要根据企业的运营体量、准备管理的微信号数量和人员的能力等综合判定。

(2)基于微信产品的特殊性质及腾讯集团的管控政策所产生的潜在风险成本。这里的风险主要是指微信号被封或者功能被限制使用等。一个新注册的微信号急于大量地添加微信好友及微信群、使用了被腾讯判定为违规的第三方运营工具、操作不当,或发布内容违法违规等,都有可能被限制使用。

(3)一些其他的项目成本。例如,手机、电脑等运营设备成本和网络成本等。

企业根据自己的用户体量及团队情况,就可以大致核算出需要投入的总成本。用个人微信号搭建私域流量池的收益应该如何计算呢?

我们要先引入用户生命周期的概念。用户生命周期通常是指从一个用户开始对企业进行了解或从企业想对某一类用户进行开发开始,直到用户与企业的业务关系完全终止的这段时间,有类似生命一样的诞生、成长、成熟、衰老、死亡的过程。用户生命周期是企业产品生命周期的演变,但对于企业主来说,用户生命周期比企业某个产品的生命周期重要得多。在一个用户生命周期内,该用户可能会对企业的多款产品进行连带消费。

比如,我在给一家会员储值制的美甲店铺设计用户管理方案时,总是在店内会员的储值金额消耗了 60% 左右时,就推出新的储值优惠政策,以及会员升级折上折的活动等。这就充分地把控了用户生命周期,以此来让用户在这一周期内给企业带来最大化的价值,即用户生命周期价值(Customer Lifetime Value,CLV)。

用户生命周期还可以套用第 1 章中的 AARRR 模型来理解。

用户可能是通过某种广告或渠道进入流量池的,那么如何把流量池内的用户转化为活跃用户,是运营者需要面对的第一个问题。用户活跃度与用户质量有很大的关系，一次有效的用户推广往往有针对性地圈定了目标人群。运营方案或营销话术要跟目标人群有很大的吻合度。这样的用户通常比较容易成为活跃用户，用户质量高且精准是流量池内用户活跃的一个重要因素。另一个重要的因素则是产品本身，要让产品在用户最初使用的十几秒内抓住用户。现在是信息快速更新的时代，用户十分挑剔，给产品留出的机会不多。用户活跃度高不高，"第一印象"至关重要。

用户在流量池内活跃了，就出现了一个新问题——"留下来"。这也是运营人员通常说的"用户黏性"。我们都知道，维护好一个老用户的流量成本通常远远低于获取一个新用户的流量成本。所以，狗熊掰玉米（拿一个、丢一个）的情况是运营的大忌，但是在大多数情况下，运营人员并不清楚用户是在什么时间流失的，于是一方面不断地开拓新用户，另一方面又不断地有大量用户流失。要想解决这个问题，首先需要通过留存率这个指标监控用户的流失情况，并在用户流失之前，采取相应的激励手段来提高留存率。

然后，我们再来看用户变现，即 Revenue。变现是运营的最核心一步，也是企业主和投资者最关心的，但也是最不能心急的。无论是直接转化还是间接转化，都要有用户的信任作为前提。所以，前面所提的提高用户活跃度、提高留存率，对于收入变现来说，是基础。我们只要一步一步地做好铺垫，变现就水到渠成了。当然，只有先把用户基数做大，才可能有很好的收益。

最后，我们来看用户推荐（Refer）。按理来说，变现应该是用户运营的最后一步，但社交网络的兴起，给用户运营打开了一扇新的大门——用户推荐。这种基于社交网络的"病毒式传播"，不仅可以有效地传播被转化用户对产品的喜爱，更成为获取用户的一个全新途径。这个方式的流量成本低、效果好，唯一的前提是产品自身要足够好，要有很好的用户口碑。通过这种方式，我们可以再次获取新用户，这样就形成了一个螺旋式的上升轨迹。理解了这种路径的企业的运营工

第4章 如何用个人微信号做私域流量池的载体

作都事半功倍。

这也是一个用户在私域流量池内完整的生命周期路径。

要想知道私域流量运营收益，我们就需要对用户生命周期内能够产生的价值进行核算。

用户生命周期价值应该如何计算？我们来看图4-3。

图4-3是一个典型的RFM模型，这个模型是衡量用户价值、用户创利能力的重要工具和手段。其中，R是指用户的最近一次消费时间，对应的英文是Recency；F是指用户消费频率，对应的英文是Frequency；M是指用户的消费金额，对应的英文是Monetary。通过用户的消费行为，我们可以很好地将用户进行分类。

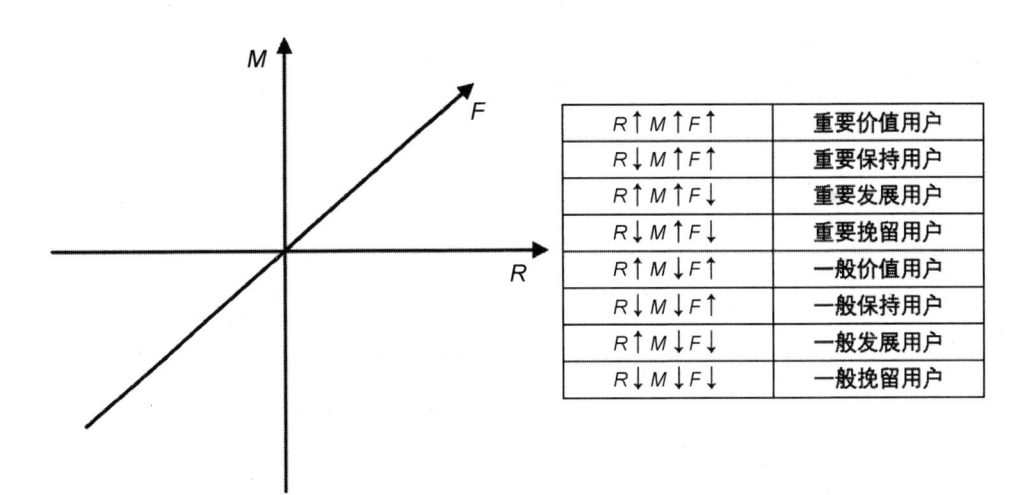

$R\uparrow M\uparrow F\uparrow$	重要价值用户
$R\downarrow M\uparrow F\uparrow$	重要保持用户
$R\uparrow M\uparrow F\downarrow$	重要发展用户
$R\downarrow M\uparrow F\downarrow$	重要挽留用户
$R\uparrow M\downarrow F\uparrow$	一般价值用户
$R\downarrow M\downarrow F\uparrow$	一般保持用户
$R\uparrow M\downarrow F\downarrow$	一般发展用户
$R\downarrow M\downarrow F\downarrow$	一般挽留用户

图 4-3

如果用户的最近一次消费时间较近（$R\uparrow$）、消费金额很大（$M\uparrow$）且消费频率很高（$F\uparrow$），那么说明他一定是企业的重要价值用户；如果用户的最近一次消费时间较远（$R\downarrow$），但消费金额很大（$M\uparrow$）且消费频率很高（$F\uparrow$），那么说明他是一个有段时间没来的忠诚用户（即重要保持用户），我们需要主动和他保持联系；如果用户的最近一次消费时间较近（$R\uparrow$）、消费金额很大（$M\uparrow$），但消费频率不高（$F\downarrow$），那么说明他的忠诚度不高，但很有潜力，我们需要重点发展他，他是重要发展用户；如果用户的最近一次消费时间较远（$R\downarrow$）、消费金额很大（$M\uparrow$），但消费频率不高（$F\downarrow$），那么说明他是一个有消费力，但可能马上要流失的用户，我们应当马上启动挽留措施，他是重要挽留用户。

如果用户的最近一次消费时间较近（$R\uparrow$），但消费金额很小（$M\downarrow$）且消费频率很高（$F\uparrow$），那么说明他是高频消费低价商品的用户，也就是一般价值用户；如果用户的最近一次消费时间较远（$R\downarrow$）、消费金额很小（$M\downarrow$），但消费频率很高（$F\uparrow$），那么说明他是最近没有消费的高频消费用户，可以被归为一般保持用户；如果用户的最近一次消费时间较近（$R\uparrow$）、消费金额很小（$M\downarrow$）且消费频率很低（$F\downarrow$），那么说明他是刚消费过的用户，但由于消费金额不高，我们把他归为一般发展用户；如果用户的最近一次消费时间较远（$R\downarrow$）、消费金额很小（$M\downarrow$）且消费频率很低（$F\downarrow$），那么他是一般挽留用户，通常可能已经过了最佳的用户挽留时间。

在之前做项目提案时，我提出这个模型，当时面对的只是一个做新零售的老板。该老板认为他们公司销售的都是几十元的小商品，上述的分析模型更适合奢侈品的营销，没有必要把每个消费者都看得那么重要。但我认为，如果能让一个花几十元买小商品的消费者享受到购买大品牌奢侈品时的服务体验，那么在一定程度上可以提高他对企业的黏性，这可能会给企业带来意想不到的回报。当然，我们要平衡运营的流量成本和服务的细致程度，以此进行用户分层。

如何应用这个模型考核用户生命周期价值呢？这里需要重点考查消费频率 F 和消费金额 M 两个要素，再结合用户生命周期的长度，就能核算出单个用户生命周期价值。

第 4 章 如何用个人微信号做私域流量池的载体

以一家汽车 4S 店为例,假设一辆汽车的销售价格是 20 万元,每个用户会在生命周期内消费 1.2 次,那么用户生命周期价值就是销售价格 20 万元乘以 1.2 次,即 24 万元。

再如,对于一家做学生早餐奶业务的企业来说,假设每个用户的平均生命周期是 5 年,用户的消费频率是每天消费 1 次(按 365 天/年计算),每次的消费金额是 10 元,那么总的用户生命周期价值即上述 4 个数值的乘积,即 5×365×1×10=18 250 元。

如何用私域流量运营提高用户生命周期价值呢?在核算完基本的用户维护成本和产生的价值,完成私域流量池搭建后,所产生的新增用户生命周期价值,即有效价值。

这里的新增用户生命周期价值主要来自引入个人微信号运营后,导致了用户生命周期延长,同时对不同类型的用户群体进行点对点运营,提高了用户的消费频率。

根据用户的维护成本及新增用户生命周期价值,我们将企业划分在Ⅰ、Ⅱ、Ⅲ、Ⅳ这四个区中,如图 4-4 所示。

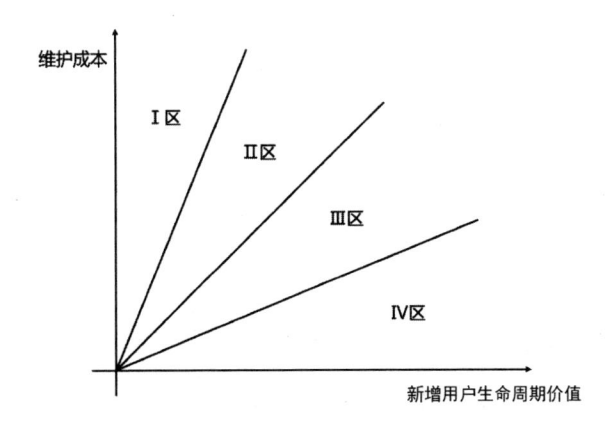

图 4-4

对于分布在Ⅰ区的企业来说，用户的维护成本相对于新增用户生命周期价值来说太高，因此不适合用个人微信号大规模地沉淀用户并运营。分布在Ⅰ区的企业通常为低频、低价的消费品行业的企业。

对于分布在Ⅱ区的企业来说，用户的维护成本稍高于新增用户生命周期价值，要想用个人微信号做用户沉淀池，就要采取一定的策略，比如减少与用户的沟通频率、适当地使用第三方个人微信号管理工具等，以降低维护成本。通常，分布在Ⅱ区的企业是餐饮、快消品行业的企业。这个区域内的企业建立私域流量池通常需要花费的时间长，与用户互动的成本较高，该策略带来的收益相对较低。我们可以尝试使用个人微信号与用户进行低频率沟通，辅助利用微信社群及微信朋友圈同步触达进行用户维护。

对于分布在Ⅲ区的企业来说，用户维护成本稍低于新增用户生命周期价值，我们可以用个人微信号做私域流量池。分布在Ⅲ区的企业多是社交电商、在线教育等行业的企业。

对于分布在Ⅳ区的企业来说，用户的维护成本远远小于新增用户生命周期价值，最适合用个人微信号做沉淀用户的私域流量池。分布在Ⅳ区的企业多是软件销售、房地产销售、金融、保险等高端服务类行业的企业。

4.1.2 个人微信号的典型应用场景

根据4.1.1节推导的个人微信号的流量成本及收益，本节介绍个人微信号的典型应用场景。

个人微信号的应用场景主要分为两大类，即业务场景与管理场景。业务场景主要是指面向外部消费者提供服务，而管理场景是指面向内部员工提供的客户关系管理服务。其中，个人微信号更适合业务场景，企业微信更适合管理场景。关

第 4 章　如何用个人微信号做私域流量池的载体

于企业微信的更多内容，我们会在第 9 章中详细讲解。

1. 业务场景

业务场景可分为引流、销售、服务等。

（1）引流。我们可以将流量导入个人微信号，再通过个人微信号提高影响力。做微信公众号的自媒体，通常会选择将粉丝引流到个人微信号上。自媒体运营者有了个人微信号，就可以完成"拉新"活动，再结合第三方"活码工具"，就能解决大量用户添加微信好友的问题。同时，个人微信号可以结合微信公众号和电商店铺来做裂变活动，实现老用户带新用户的裂变。这就是用个人微信号做私域流量池来沉淀用户的典型代表。

我有一个做零食电商的客户，他的品牌有 10 万个高黏性用户，我们将这 10 万个用户沉淀到了 50 个个人微信号中，再将这 50 个个人微信号接入第三方工具，进行统一管理，只需 3～5 个同事运营，在短期内大大地提高了用户管理效率。一个简单的客户关系管理系统就搭建好了。

（2）销售。与流量池运营和用户运营不同，以销售为目的运营可以更直接、更干脆地转化用户。个人微信号建立了企业与用户间的沟通渠道，提高了用户购买产品或者服务的转化率。以个人微信号为载体做销售的企业有很多，常见的有微商、电商等销售商品的企业，也有销售保险、金融等服务的企业。我们可以通过打造让用户信任的"人设"，实现商品销售。根据某电器类的电商商家反馈的数据显示，在"双 11"活动期间，微信用户池中的下单转化率远远高于电商平台内的下单转化率。个人微信号易产生"群体"效应，在打造产品口碑的同时增加了用户"复购"的可能性。

（3）服务。企业可以应用个人微信号更好地为用户提供服务。有很多企业向我咨询如何提高企业客服部的工作效率，或直接转型。个人微信号就可以很好地替代电话销售或者网站客服，成为与用户沟通的一种媒介。现在已经有很多企业的客服人员在与用户进行电话沟通后，添加用户为微信好友。相信你也一定被某些客服人员添加过微信好友吧。

在服务场景中，客服人员可以根据用户的行为记录，给用户打上不同的用户需求标签，如用户属性特征标签、购买意向标签、经济能力标签等，再通过这些标签进行精细化运营，以此为用户提供更加优质的服务，提高转化率与复购率。

此外，用户在购买一些科技产品后，需要安装、学习或被指导使用。个人微信号也可以承担售后培训的工作，为用户提供一系列的培训资料，或者人工在线指导，从而降低了传统的培训成本，用"个人微信号一对多"的方式取代"传统客服人员一对一"的方式，提高了培训效率。

2. 管理场景

下面从管理场景介绍一下个人微信号的应用，也就是对内部员工的管理。个人微信号可以很好地与第三方电商平台系统打通，我们可以看到每个运营人员的个人微信号在各个电商平台的订单情况。

例如，某电商公司有3个微信用户池的运营人员，其中每人分管10个个人微信号，在每个个人微信号上好友的新增订单、复购订单等数据都清晰可见，公司以此计算每个运营人员的销售业绩。同时，在个人微信号上有清晰的财务往来记录，也有第三方管理工具支持在后台直接收/发红包，并记录红包的往来数据，方便核验订单。

以提供服务赢利的企业更喜欢选择用企业微信来沉淀用户，企业微信不仅可以提高企业的格调，还会给用户一种专业的感觉，显得更加正式、更加可信。是使用个人微信号，还是使用企业微信具体要看企业如何给自己的品牌定位、给产品服务定位、给目标用户定位等。

4.2 搭建个人微信号体系

企业应该如何建立一套完整的个人微信号体系呢？企业在明确了对个人微信号的定位后，需要搭建团队，确认运营目标，设置流程，再根据具体的落地方案打造"人设"，建立内容库。下面让我们一起来探讨这些问题。

4.2.1 搭建团队，确认运营目标，设置流程

关于搭建团队和确认运营目标，有些内容已经在 2.3 节介绍过了，这里不再重复讲解。企业要判断好流量池体量，做好相应人员及软硬件的准备，明确想要通过个人微信号解决哪些问题，再按问题的优先级来确定运营的短期、中期及长期目标。

用个人微信号搭建私域流量池的流程设置，在第 3 章中有详细的介绍。这里再重点看一下关于个人微信号裂变的部分。

图 4-5 是一个常见的个人微信号裂变流程图。用户 A 看到了活动海报，扫码（运营人员的个人微信号二维码）添加运营人员为微信好友，并根据提示，将海报和指定的文案分享到微信朋友圈。用户 B 在微信朋友圈中看到了用户 A 分享的海报和指定文案，于是也扫码添加了运营人员为微信好友，这就完成了流量闭环的流程。

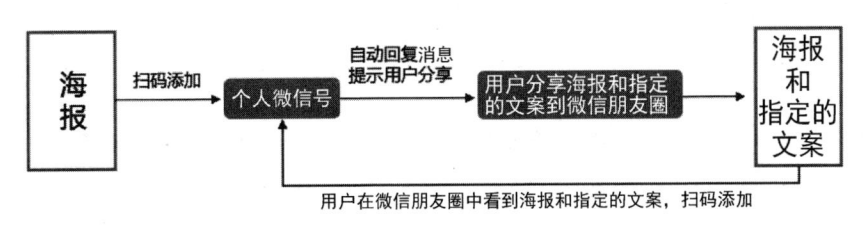

图 4-5

4.2.2 "人设"是什么

"其实微信朋友圈里没有人，有的只是'人设'。"

"人设"是人物设定的简称。我们经常能在微博上看到"某个明星'人设'崩了"这样的报道，"人设"是我们通过一个人的行为、动作、语言对不熟悉的人所打的标签，实际上都是片面的认知、标签化的印象。

同样，我们在使用微信与好友进行沟通时，通过在聊天中获取的信息（比如，对方发了什么表情、聊天喜好及方式、在微信朋友圈中发什么内容、是什么样的性格等），得到了对这位好友的基础认知，通过这种识别和判断得出的结论就是这位好友的"人设"。"人设"关系到我们对好友的信任和对其专业水平的判断，这直接影响了沟通效率。

微信创始人张小龙曾说过，"你发每一条内容，其实都是希望别人认为你是一个这样的人，背后都是你给自己创造的'人设'。你推广的'人设'，是希望别人眼中的你是这个样子的。所以，你发的每一条微信朋友圈内容，都是精心设计过的，一定是对自己的'人设'有利的。"

如何打造个人微信号的"人设"，做到形象立体、情感丰富、逻辑清晰，继而把它培养成一个受广大用户喜欢的IP，并积累大量粉丝？下面总结了几点衡量标准。

1. 专业优势

专业优势就是"人设"本身的专业知识和经验特长等。如果没有过人的优势，那么你的"人设"就缺少价值或吸引力。"人设"一定是某个行业或者领域的专家，懂得好友需要但却不懂的知识。

2. 大众身份

大众身份就是指"接地气"。人们的身份和职业信息更容易在社交软件中让对方记住，同时也是一个让人觉得不陌生的标签。比如，我的专业"人设"是营销专家。对于一些好友来说，他们可能会对这个专业身份既有些陌生又有些敬仰，但如果我还有另一个大众身份标签——宝妈，那么这就会让人感觉平凡，同时又多了一些亲切，很容易引起共鸣。这些不同的标签会收获大众不同的情感输出。

3. 性格特点

既然是"人设"，就会有人物的性格特点与生活爱好，开朗的性格是最容易与人相处的，而如果有相同的爱好，就更容易拉近有共同爱好的受众，形成圈子，产生共同话题。

下面来看一个案例，我们在给线下母婴店做个人微信号体系搭建时，就通过上述三点标准建立了几个不同的"人设"。以纸尿裤专家"人设"为例，我们提炼出了如图4-6所示的关键词。

这里选取了如图4-6所示的三个标签来丰富这个"人设"在用户心中的形象，第一个标签是小红书母婴KOL达人。随着时间的推移，现在的宝爸和宝妈们以"85后""90后"为主，他们的成长伴随着移动互联网的发展，他们习惯并适应了"种草"和"拔草"，所以"小红书母婴KOL达人"这个标签是一个亲切且权威的代表。我们提炼的第二个标签是"'宝贝裤实验室'组织者"，这更丰富了人物形象，对纸尿裤有研究，还成立了实验室，可见更多的是自身的热爱，并做了很多测评和研究。"85后""90后"的宝妈和宝爸们，基本都接受过良好的教育，更相信科学。"人设"到这里就够了吗？前两个标签一直以体现人物的专业性为主，那么这些成就和专业如何让大家更相信呢？从哪里获取和沉淀的这些专业知识呢？于是有了第三个标签——7年花王纸尿裤的产品研究总监。这样，"人设"就丰满了，是一个在纸尿裤垂直领域的专家。

图 4-6

对于个人来说，这是"人设"；对于企业来说，这就是企业形象。传统公关行业出身的我，对企业形象再熟悉不过了。企业形象就是社会公众及员工对企业整体的印象和评价，这就涉及了对外和对内两部分公关工作。企业通常会通过一些公共关系活动来建立和调整企业形象。

如今在这个几乎所有人都能发声的自媒体时代背景下，企业营销越来越注重"个人化"特点，"人设"的打造和提炼也变得更加流行起来。

4.2.3 个人微信号的内容图谱

在明确并打造了"人设"之后，对于个人微信号来说，不论是与用户沟通还是发微信朋友圈消息，都需要提前做好内容库的搭建。本节讲解如何做好"人设"的内容输出。

首先，要将"人设"转换为品牌。既然要做好"人设"定位，就要把"人设"当成一个品牌形象去运营，为"人设"讲一个恰当的品牌故事，展现更饱满的人物，贴近大众化场景来引起目标用户共鸣。

其次，要将商品转化成"人品"。一些成功的淘宝主播就是典型案例。电商直播主要利用熟人经济和信任经济，先完成社交，再促进成交。这样，主播在用户的心中就有了"人品"。先让用户喜欢他的内容，再让用户接受他的广告，这是从关注商品转移到关注"人品"，从成交导向转变为收获信任，产生情感认同的转变。在这个过程中，始终要以人为核心，用心打造好"人设"，并立足这个"人设"方向，不断地输出优质的内容来吸引精准的受众，扩大影响力，提高转化率。

个人微信号应该做什么样的内容呢？我们认为可以从以下三个角度做内容。第一个是企业自身的角度，第二个是用户的角度，第三个是外部因素的角度。

为了方便理解，我将内容按照这三个角度绘制了图 4-7 所示的内容图谱。

如图 4-7 所示，从企业自身的角度传递的内容，最核心的就是自己的产品或服务，然后是企业及品牌的理念、价值观，根据目标用户的特点发掘的与产品相关的生活方式，最后是企业事件等。

企业自身的角度	用户的角度	外部因素的角度
• 产品或服务 • 理念 • 价值观 • 生活方式 • 企业事件	• 个人偏好 • 产品细节和优势 • 相关的刺激用户观感的标签	• 特定事件 • 流行文化 • 新闻热点

图 4-7

从用户的角度出发，每个人都有自己的偏好。以经营服装类的个人微信号为例，如果只是发布了一款黑色短裙，刚好有这个购买需求的用户会很感兴趣，这就符合了该用户的个人偏好，就容易促成交易；对于购买需求不太强烈，还在考虑中的用户来说，如果在内容中主动展示了用户可能关心的产品细节和优势，那么也容易促成交易；如果内容中还能体现相关的刺激用户观感的标签，如"显瘦""适合矮个子""胖 MM 请注意"等，就很容易吸引对这些标签感兴趣的用户，她可能不太需要这条裙子，但这条裙子穿起来显瘦，她可能也会买。

外部因素可能是一些特定事件、流行文化、热点新闻等，可以丰富个人微信号的价值观，使人物形象更加立体。

下面来看一个打造好"人设"的个人微信号是如何做内容的。

如图 4-8 所示，这是一个奶粉专家的微信朋友圈截图。我们给这位专家提炼的关键词标签是——专职奶粉测评师。她十年来只专注于奶粉评测，是全球 100 款奶粉的使用者。很多用户第一眼看过去，就深深地被这位专家的专业度折服了。如果只说她是一位"奶粉专家"，那么你会感觉她专业吗？

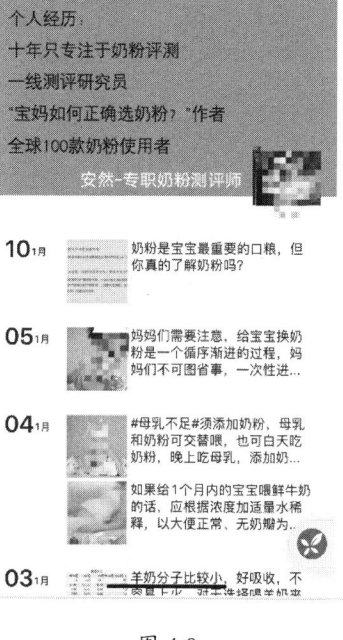

图 4-8

这样的一位专家教用户如何给宝宝选奶粉，用户是会相信并愿意接受他的建议的。用户抱着这样的心态去咨询，专家会根据宝宝的年龄、体质等给出专业的建议，转化就不难了。

我们来看一下他的微信朋友圈输出的内容，主要有以下几个类型：①从企业自身的角度，对该品牌的奶粉产品分类做内容输出；②从用户的角度，根据宝宝的年龄给出科学的建议；③从外部因素的角度，提醒可能出现的一些问题，如在给宝宝换奶粉时要注意什么、宝宝吐奶怎么办等。先用这些专业内容丰富"人设"，再有针对性地推荐产品。

4.3 这些公司用个人微信号搭建了庞大的流量池

4.3.1 西贝莜面村是如何快速沉淀用户的

相信你对西贝莜面村（简称为西贝）不陌生，如果你去西贝吃过饭，是不是也被要求添加店长为微信好友呢？西贝通过线上活动和线下活动同步开展的方式建立自己的私域流量池，并保持快速增长。

在西贝组织的系列线下活动中，有几个典型的活动。首先是西贝莜面亲子体验营，在这个活动中家长可以带着孩子一起搓莜面，表演节目，吃莜面，体验快乐的亲子时光；其次是亲子私房菜的活动，家长可以带着孩子找到西贝的厨师，一起学做一道菜，在这个过程中有精心的设计，让做菜充满乐趣，用户在厨艺课上学会做菜的同时，更能收获家庭特有的快乐。

我们发现西贝设计的线下活动都是以孩子为中心的。这基于中国家庭大部分都以孩子为中心，孩子想去喜欢的餐馆，家长大概率都会一同前往。同时，与吃饭相比，快乐的回忆更加珍贵。给孩子留下在这里跟爸爸妈妈吃饭很快乐的回忆，品牌就能走得更远。正如很多"90后"都有一段放学后拉着爸爸妈妈去肯德基吃汉堡的回忆,以至于这些"90后"长大后,还经常去肯德基消费,成了肯德基长久且忠实的粉丝。

再来看一下线上活动。西贝在线上有一个食材商城,用户在店内累积消费到一定额度后,可以低价购买食材。用这些食材可以做出餐馆的经典菜肴,再加上十分有吸引力的价格,就很容易将高频消费者导流到线上商城,从而增加了一个售卖渠道。

此外,西贝还推出了一个亲子课堂——喜悦读书会,如图4-9所示。

图 4-9

第4章 如何用个人微信号做私域流量池的载体

以图 4-9 的第一节课为例,这是西贝联合知名媒体人王芳给孩子定制的唐诗启蒙课。西贝花费了三年时间精心打磨课程,目的是让孩子在快乐的氛围中爱上唐诗,爱上学习。这堂课的普通会员价是 189 元,而西贝会员的 VIP 价是 89 元。这同样是以孩子为核心的"周边产品"。

除了通过线上活动和线下活动沉淀用户,西贝更多地应用了私域流量运营,为这些用户提供服务。不把自己仅仅定位为餐饮企业的西贝,让用户享受到了很多超值的服务,同时也使得多渠道变现成了可能。

西贝将私域流量池用作企业的客户关系管理系统,同时用它来做内部员工的管理,快速、统一地输出活动内容,高效执行。每位西贝店长都有一个个人微信号及多个用户社群。这些个人微信号由总部的运营团队进行规模化运营管理,实现了几百位店长的内容统一输出,提高了管理效率。

如图 4-10 所示,西贝有一个独立的会员中心,其细分为会员服务部、社区运营部和数字技术部。

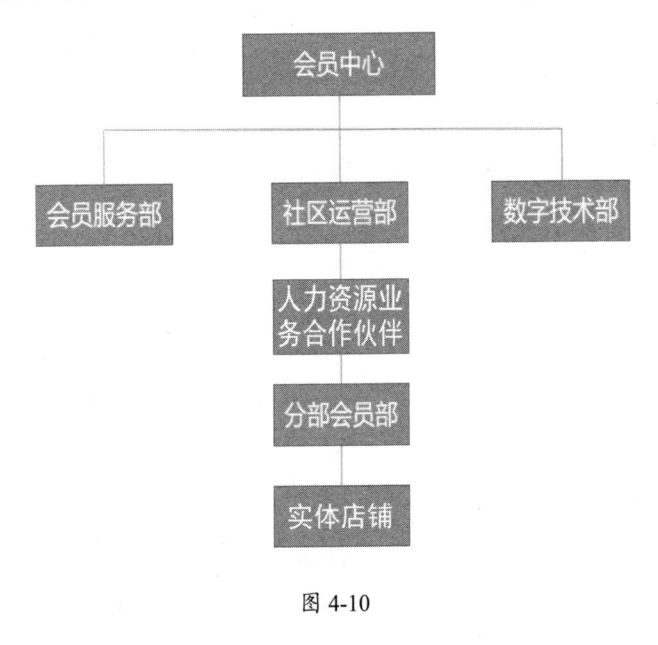

图 4-10

会员服务部负责线上、线下活动的物资准备，支撑活动的基础运行。

社区运营部主要负责策划和组织活动，同时负责店长的个人微信号、微信公众号及微信社群等私域流量池的运营。

数字技术部则是技术部门，负责开发线上的商城，负责实体店铺的电脑系统等方面的技术问题。人力资源业务合作伙伴（Human Resource Business Partner，HRBP）通常指企业中人力资源的管理者，会组织各个部门间的沟通，将分部会员部的需求传递给总部，分部会员部再向下收集每个实体店铺的活动需求。

西贝不仅仅是一家餐饮店。不论是内部组织架构的互联网化、对私域流量池的应用，还是充分挖掘每个会员变现的更多可能性、活动的多样性和完善的管理，都是西贝与其他传统餐饮企业拉开距离的重要原因。

网上流传着这样一个段子，"我把你当作微信好友，你却把我当作私域流量。"我认为，私域流量运营的核心是用心运营好你的用户，允诺用户价值并给予用户价值，而非一味地"割韭菜"。在转变为用户思维运营后，你一定会收获意想不到的运营效果。

4.3.2　完美日记是如何让生意变得好做的

正当很多企业在纷纷感慨"生意难做"时，一个美妆品牌"完美日记"于2020年年底，在纽约证券交易所上市了，且市值超过100亿美元。完美日记成立于2016年8月，从创立品牌到上市，只用了4年。你可能会问，它也是因为做了私域流量运营吗？是的。

下面来看一下完美日记是如何让生意变得好做的。如果把私域流量运营比喻成"养鱼"，那么完美日记"捕鱼"的过程可以用步步攻心、步步为营来形容。

我认为完美日记的私域流量运营主要有以下两种方式：

一种是用实体店铺引导的形式。利用奖励引流的手段，引导到店的用户添加小完子为微信好友。根据上文的介绍，你一定知道，小完子就是一个已经被打造好的"人设"。

另一种是针对活跃在线上的用户的。用户在电商平台上购买完美日记的产品后，就会得到一张"红包卡"，接下来会被引导关注完美日记的微信公众号领取"红包卡"，再顺势被引导添加小完子为微信好友，这时小完子会进一步邀请用户加入粉丝福利群，如图4-11和图4-12所示。

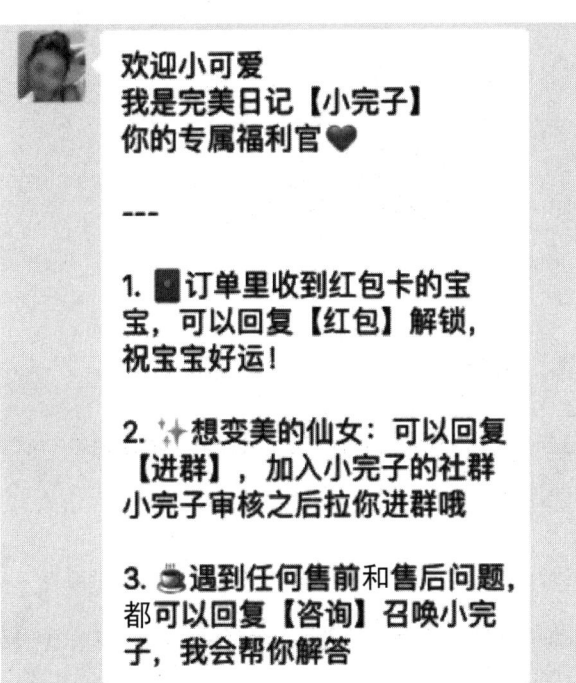

图 4-11

小完子是谁？据了解，完美日记的小完子有几百个，对外统一用一个名字，这说明他们背后有着一个完整、强大的私域流量运营团队。

下面从用户的角度来看一下小完子的"人设",将其分为外在形象和内在势能两点。

图 4-12

1. 外在形象,即第一印象

用户可以通过微信朋友圈看到小完子的样貌、穿着和生活状态,感知到了这些,就很容易消除距离感,易于拉近关系。

如图 4-13 所示,用户视角的小完子是一个生活精致的女生,不仅长得可爱,还是一个很懂美妆的专家,会经常分享一些美妆产品,也会在一些"网红"旅游点打卡,在周末还会分享一些好文章或聊聊美食,让用户感觉她就是一个陪伴在他身边的好朋友。

2. 内在势能

内在势能是在用户的基础认知上,获取进一步信任和依赖的必要条件。一个

第 4 章　如何用个人微信号做私域流量池的载体

具备高势能的人，通常可以影响非常多的人。我们常说的 KOL 和 KOC 等都具备这样的势能。小完子的势能主要体现在素人 KOC 的打造上，她通过文字、彩妆测评图片和专业教程等内容的分享，将"私人美妆顾问"的"人设"更加完整地树立起来，除了让用户感受到她是一个鲜活、有温度的人，同时在彩妆领域绝对是专业、可信任的。

图 4-13

我们再来看看完美日记的私域流量运营策略。

第一，让用户充分地了解企业的价值。大多数企业在私域流量运营初期沉淀用户的同时就急于变现，把用户吸引过来就马上进行转化，我要劝各位老板沉住气，俗话说"心急吃不了热豆腐"，用户是要花时间培养的。

现在比较流行的各类线上网络课有教英语的、教唱歌的，还有教理财的。这些课程通常会有一节或几节试听课程，这个过程是探索用户需求、搭建信任的过程，是必不可少的。我听过一个线上英语课，老师用连续三天的时间，每天讲 90 分钟，分别讲了单词、语法和发音等干货，在第三天课程结束后才售卖正式课程。用户在充分了解了老师的教学实力和人品之后，课程的转化率是很不错的，这就是用真心换真心。对于这种课程试听+转化的模式来说，通常在用户还没充分获取对自己有价值的内容时，就急于转化，效果都不太好。千万不要自以为是，不要觉得用户是用两句话就能打动的。

这就是在第 1 章中提到的用户思维。完美日记是如何用用户思维经营的呢？

第二，持续向用户输出内容。我们先来看一下完美日记的微信社群，如图 4-14 和图 4-15 所示。在这个叫"小完子玩美研究所 AQRAA"的微信社群中，会经常分享关于护肤品和彩妆的知识，同时还有一些适合于不同季节、不同场合的妆容知识分享。相信许多女生对这些知识都学不够。此外，群里还会有一些新产品的发布消息、化妆直播课和抽奖活动等，会持续不断地发布内容来吸引用户的注意力。爱美的你是不是也想加入这个微信社群呢？

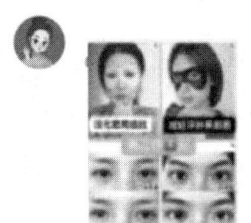

图 4-14

第4章 如何用个人微信号做私域流量池的载体

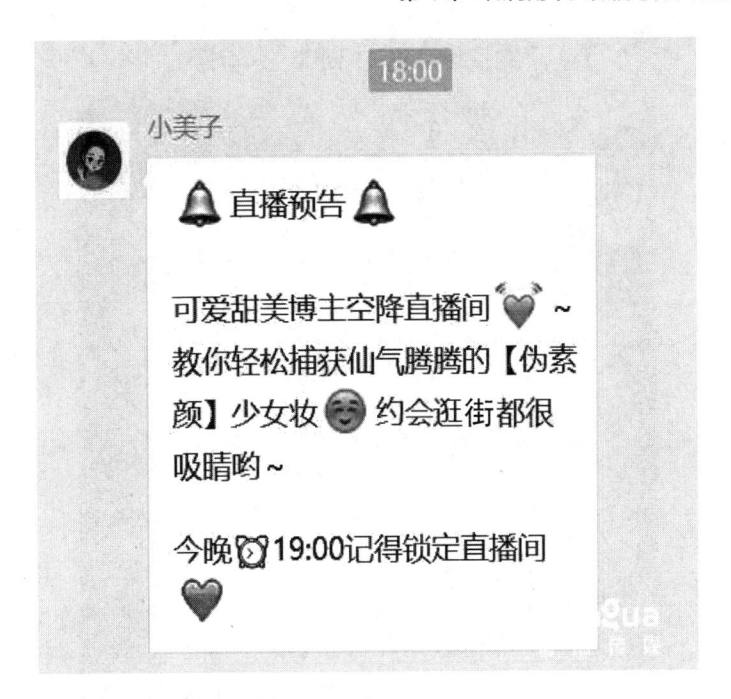

图 4-15

第三，定期组织限时限量的促销活动。既然在会员群内，就一定会有群内专属奖励，正如很多淘宝主播们常说"这是给我的粉丝争取到的特别优惠"。这样，用户在这里购买时，不仅购物愉快，还会感到骄傲和自豪。下面来看看完美日记是如何"宠粉"的。

如图 4-16 和图 4-17 所示，果然不出所料，专属折扣来了，微信社群和小完子的微信朋友圈都会不定期地发布图 4-16 和图 4-17 所示的这种限时低价秒杀活动，可以说充分满足了粉丝的尊贵感，"宠粉"十足。这里值得一提的是图 4-17，当用户次日咨询秒杀活动时，小完子并没有"贪恋"这一单生意的成交，而是表示优惠活动真的过时不候，让用户意识到优惠商品的数量有限、折扣也是有时效性的远比这一单生意的成交重要得多。

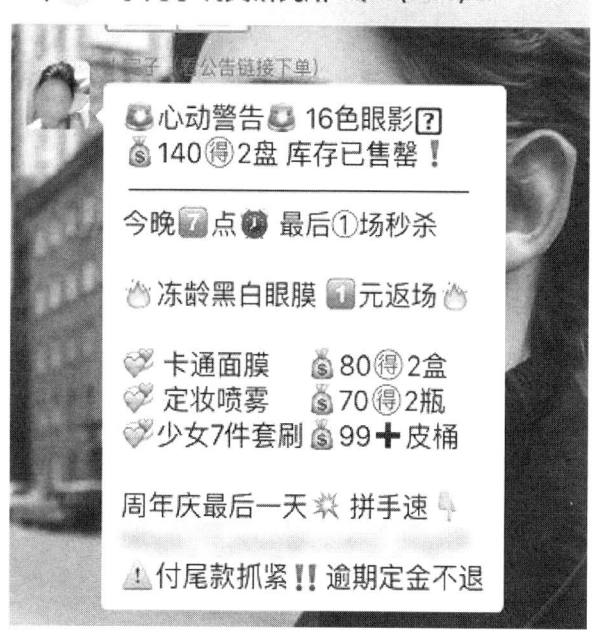

图 4-16

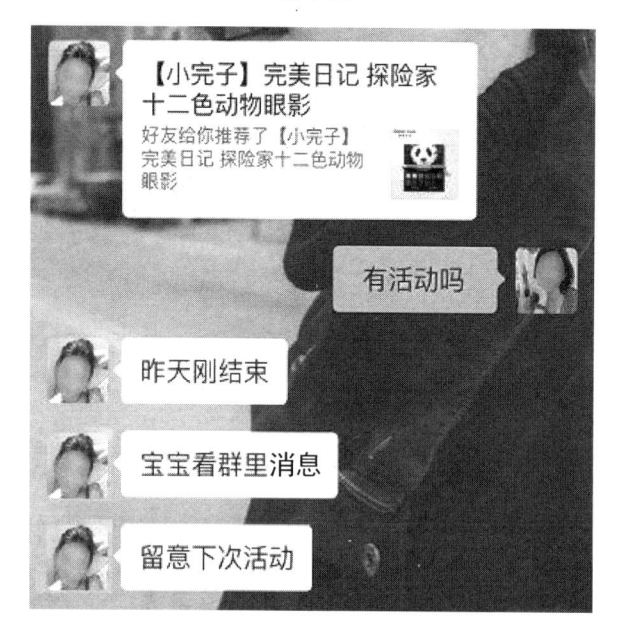

图 4-17

第 4 章 如何用个人微信号做私域流量池的载体

同时，小完子在微信朋友圈发广告也是需要克制的，如图 4-18 所示，只有活动信息、产品海报，但是并没有购买链接。这种克制的方式比起在微信朋友圈或者微信社群内直接发购买链接的成交率反而要高。一些电商企业也可以试试采用先引导用户主动表达购买意愿，再给感兴趣的用户发购买链接的方式。当然，这真的需要企业主充分克制。

图 4-18

第四，对用户进行情感经营。小完子的整体"人设"及运营策略都充分展现了情感经营这个特点，我认为这也是私域流量运营的最高境界，与用户进行心与心的沟通，让用户相信你。你要给予用户真诚的关心，记录好用户的偏好，而不是一直想要"转化"用户。完美日记对小完子的整体设计是专业且贴心的，无论是每天晚安的文案，还是一周年纪念日的感谢信，都经过了精心的设计和构思，

121

体现了驾轻就熟的情感经营。这些都体现了小完子超高的情商，字里行间都让用户感到真诚和被尊重。

本章小结

在阅读完本章后，我们一起来总结一下私域流量运营与个人微信号相关的内容。

（1）个人微信号作为沉淀用户的工具，主要有触达率高、打开率高、互动属性强、触达及时、使用场景和内容形式都很丰富等特点。

（2）判断自己的企业是否适合用个人微信号做私域流量池沉淀用户的工具，首先要核算好流量成本及收益，并清楚这种方式能够提高多少用户生命周期价值。

（3）并不是所有行业都适合用个人微信号来沉淀用户，主要需要考虑用户的维护成本及新增生命周期价值。

（4）适合用个人微信号沉淀用户的应用场景有引流、销售、服务等。

（5）用个人微信号做私域流量运营，在执行前需要先建立"人设"和运营策略，同时搭建好该"人设"需要使用的内容库。

（6）多学习一些其他企业的私域流量运营案例，你就一定会有所感悟。

第5章

如何用微信社群做私域流量池的载体

在第4章中，我们介绍了如何用个人微信号做私域流量池的载体，本章介绍如何应用另一个沉淀用户的私域流量池载体——微信社群。

首先，我们来了解一下社群（Community）。从广义而言，社群是指在某些范围、地区或领域内发生作用的某种社会关系。在互联网浪潮的驱动下，社交是人的基本社会需求，是基于兴趣或共同需求的，更是人们在互联网中的刚需。对于一个社群来说，聚集在一起的成员必须有一个共同的强需求，社群是提供解决这个需求的服务工具。

5.1 社群营销的兴起

企业是如何通过这种解决需求的服务工具做社群营销（Community-based Marketing）的呢？社群营销是在社会化媒体营销基础上发展起来的，是一种让用户连接及交流更为紧密的网络营销方式。社群营销的方式更加人性化，不但受用户欢迎，而且群内用户还可能成为一个中心点，继续传播。

提到社群营销，我最先想到的是这几年在国内很火的一个国际运动品牌——lululemon。我们在第1章中介绍了这家公司的情况和特点。lululemon不爱打广告，但通过业绩证实了自己的营销策略的可行性。2020年上半年，lululemon的市值一度突破3000亿元人民币。lululemon的发展策略和私域流量运营（特别是社群运营）有非常强的关联性。

早在20多年前，瑜伽运动还远没有今天这么受欢迎，大范围投放品牌广告的效果并不好。于是，lululemon设计了一套直接连接潜在用户的营销方式。首先，在新店开业后，lululemon会召集当地数十名瑜伽老师和健身教练，瑜伽老师和健身教练吸引来的自然都是瑜伽爱好者。lululemon 让这些人做品牌大使（Brand Ambassador），免费给他们赠送昂贵的瑜伽服装，让他们穿着在身，做了形象宣传。

员工和品牌大使的宣传就是展示产品的最好渠道。lululemon通过这些当地的KOL和KOC在线上及线下社群中进行宣传，同时在授课环境中，悄无声息地对潜在用户进行了"种草"。

在国外，每个地区的lululemon店面都有自己的Facebook页面，以此沉淀用户。同时，lululemon也会对员工和品牌大使在Instagram等社交软件上发布内容进行培训、包装。lululemon不仅要传递产品信息，还要传递健康的生活方式，这样更容易让潜在用户产生信任。

第 5 章 如何用微信社群做私域流量池的载体

从私域流量运营的角度来看，lululemon 将自己的用户沉淀到了官方的社交媒体上，并与关联用户在社交媒体上进行互动，不断地向用户传递健康的生活理念。最终，用户认可了其理念，也认可了其品牌，并转化为品牌的长期消费者。lululemon 举办的线下瑜伽活动，经常会有上千个粉丝参与，这种动员能力体现出的正是用户对品牌的认可。

lululemon 模式是在私域流量运营下品牌搭建的典型案例，也是通过社交软件联合线上、线下 KOL 和 KOC 建立陪伴型品牌模式的典型。这与传统的依托 KOL、明星等方式打造的"名人带货"逻辑是不同的。甚至有人说，投放 KOC 广告是因为甲方缺少预算的妥协之策。

我认为这种说法是不准确的。其一，很多品牌是同时让明星代言和投放 KOL、KOC 广告的；其二，从众多品牌方投放广告的数据来看，KOC 广告在效果评估中，往往是投入产出比较高的策略，这也是企业不断地加大投入的重要原因。

品牌不再需要高高在上，或者说不再需要一直高高在上。对于很多行业，特别是快消品行业来说，通过 KOC 在相关渠道实现直接"种草"，是高效可行的策略。

当然，lululemon 的社群营销，更多的还是基于某些特定群体的营销。在国内，提到社群营销，我们可以将其具象为微信社群、QQ 群这类线上社群的营销。

早在 2005 年，腾讯就推出了 QQ 群，线上社群营销也可以将该时间作为追溯时点。吸引用户的注意力一直是各大品牌所需要的。十几年前，我们的注意力更多地在 QQ 群，而如今，主力消费人群更多地活跃在微信社群中。早期的线上社群营销是偏向投机性质的，想通过极低的流量成本获取大量有效用户。这样一方面会对用户形成骚扰，另一方面也会对社交软件本身的生态造成不好的影响。

很多人不理解为什么微信要对各种骚扰用户的行为进行高强度打击，这也是从用户角度出发的。如果微信官方不对这类行为进行管理，那么会出现两种结果，一种是用户会对微信的满意度大幅下降；另一种是这类营销行为的数量会很快地呈指数型上升，会对微信的生态平衡造成明显的影响。

在第 3 章中，我们对私域流量运营的概念进行了梳理，私域流量运营的本质是拥有自己的流量池。将微信社群置于私域流量池的整体中来做对比，微信社群有什么优势、都适合哪些场景、在哪些方面有特点和优势呢？企业如何合理地利用微信社群，提高客户关系管理效率呢？

表 5-1 总结了微信社群与个人微信号在用户沟通上的优势和劣势。

表 5-1

	微信社群	个人微信号
双向沟通	√	√
多对多沟通	√	×
沟通效率	较高	高
沟通频率	高	高
消息的打开率	较高	高

从用户触达层面的沟通来看，微信社群和个人微信号都可以很好地实现企业与用户的双向沟通，但个人微信号只能实现一对一沟通，微信社群却可以实现多对多沟通，多对多沟通是微信社群的一大独特优势。从沟通效率和沟通频率来看，微信社群和个人微信号都高，但从沟通效率和消息的打开率来看，因为个人微信号有一对一沟通的特点，所以其消息的打开率会高于微信社群，与用户的沟通效率也更高。

总之，我们所熟悉的微信社群，作为一个沟通场所，具有很好的封闭性。用户在微信社群中容易被群体影响。企业做社群营销要抓住这些特点，按照设定好的转化目标去影响用户。

5.1.1　社交电商和教育行业为何如此热衷于社群营销

社交电商是指通过社交网络平台或电商平台的社交功能，将关注、分享、讨论、沟通互动等社交化元素应用到电子商务的销售服务中，以完成交易及服务的过程。对于消费者来说，社交的需求体现在购买前的店铺选择、商品比较，在购买过程中与电商企业间的交流互动，以及购买商品后的消费评价、购物分享等。

社群是一个很好的交流平台。不论是售前引导、销售，还是售后服务，用户与企业都可以在社群中进行很好的互动。对于企业来说，社群可以增加用户黏性，让用户有参与感。社交电商的本质是依托社交链条的裂变式效应，扩大用户规模并提升转化机会。社交电商就是通过社交分享来做电商交易。

社交电商以用户为中心，使社交关系形成电商形态，不以传统电商平台的类目选择、商品搜索为销售模式，而是通过社交、用户分享传播，形成口碑效应，从而激发消费需求。社交电商与私域流量运营的底层逻辑有些相似。

社交电商是如何应用社群来实现用户有效增长的呢？其中，规模化的社群起到了很大作用，同时又有效地降低了流量成本。这么多家社交电商平台，都在没有广告费投入的前提下迅速发展，本质逻辑是把这些钱补贴给用户了，用户在合理的金钱刺激下，在平台下单并愿意分享。在社群这个核心阵地，如何设计营销策略就起到了关键性作用。

图 5-1 就是一个典型的社群营销策略。用户在平台上消费后，会添加上级会

员为微信好友，这时他会被拉进会员群中，群内有完整的销售培训、商品卖点、活动信息等内容，以及公司统一提供的运营策略。因为有补贴政策，所以用户会有动力销售商品并邀请新会员加入。

新用户购买 → 添加上级会员为微信好友 → 告知并进群 → 销售培训 / 商品卖点、活动信息 / 运营策略

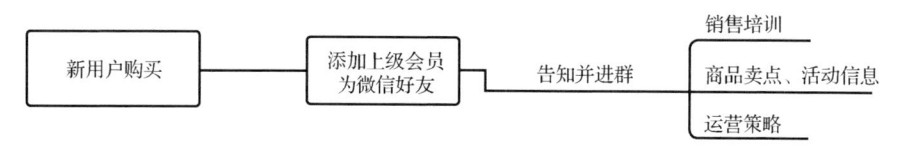

图 5-1

同时，群内用户的进群目标一致，可以通过平台获得收益，相互学习，这样就有了共同的需求和目标，社群的气氛和活跃度有了很好的保证。

我经常使用的每日优鲜，最近也增加了社区团购模式，开始进行社群营销。这与 lululemon 的社群营销模式有些类似，都是通过 KOL 和 KOC 带动潜在消费群体。每日优鲜的社区团购的主要目标用户是以女性为主的家庭核心消费主力。只要找到了当地比较活跃的宝妈、白领、小店主等人群，再围绕这些有核心势能的人建立社群，就可以影响这些人身边的人，很多用户会在社群中购买。

这些社交电商平台充分地运用了社群的优势。我们再来看一下教育行业，特别是对于线上教育行业来说，社群营销也是企业争先追捧的一大趋势。

线上教育平台是怎么通过社群来提高转化率、降低流量成本的呢？传统的教育行业通常在获取用户信息后，用电话销售的方式进行转化，但近几年电话销售的转化率不断下降，导致在这种方式下获取流量的成本不断增加，使得用这种方式转化用户的企业越来越难以为继，不得不寻找新的方法来突破瓶颈。

有些先行者是这样做的：用免费的体验课做诱饵，引导用户加入社群，在用户听过这节体验课后，高阶的付费课就出现了，这时再配合电话销售和社群沟通的组合方式来转化。

我把这种线上教育平台的典型社群营销路径图展示了出来，如图 5-2 所示。从图 5-2 所示的路径图中可知，在教育行业中，沉淀用户的社群一般分为两类：一类是流量群，俗称"水群"，意思是这类社群承载的流量大、用户多，但用户的精准度相对偏低，这类社群通常用来做裂变，以扩大用户基数为目的。另一类则是"体验课群"，用于在免费体验课结束后转化高阶课程，通常是线上教育平台投入资源和人力最多的社群。这类社群一般以体验课为切入点，让用户先免费或花低价来听一定量的体验课，在体验课中会嵌入高阶课程的部分内容来分享、讨论，并在课程结束后对社群内的用户进行转化。这时，在用户对社群有了基础认同后，线上教育平台再让平台客服进行电话销售，转化率就会大大提高。同时，因为电话销售的呼出信息更加精准，不再像之前千篇一律的沟通，所以不仅降低了无效沟通的时间成本，也减少了企业的人力成本。

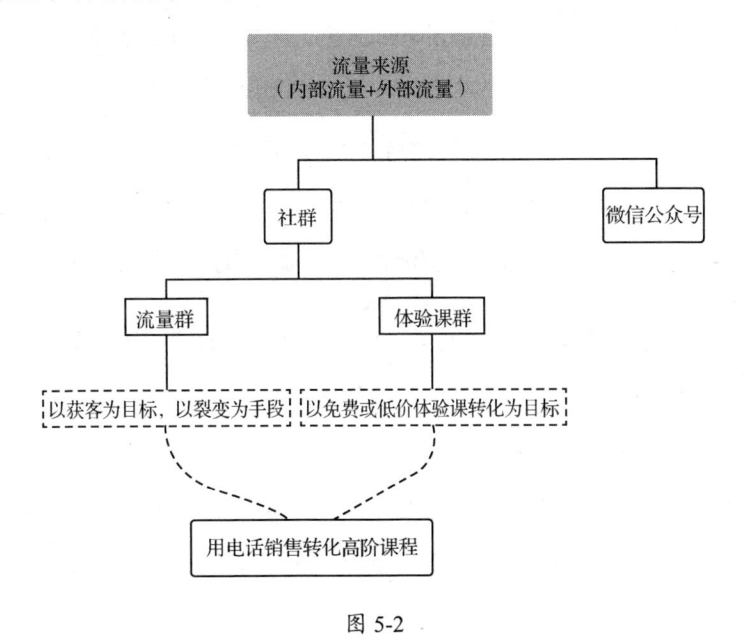

图 5-2

本节列举的两个典型案例，都将社群的优势发挥到了极致，这也是这些行业的企业如此热衷于社群营销的原因。

5.1.2 社群营销的优势：更低的流量成本+更高的转化率

上节介绍了社群营销的一些优势，即更低的流量成本和更高的转化率。流量成本低指的是获取及运营维护流量的成本低，流量成本主要包括运营活动的引流成本和运营维护流量所产生的人力成本两个部分；转化率高是指通过社群营销这种方式更容易实现用户转化，用户会产生消费从众心理，个体在一个有购买气氛的群体中，往往是不理性的，社群气氛的营造对于促成高转化率有直接作用。

我们再来看一个例子——Hi-Finance，它是国内做专业金融知识培训的机构，也是我们的客户之一。Hi-Finance 通过与金融机构合作开设课程的方式，建立了超过 3000 个微信社群，并通过这些微信社群和金融机构的背书，获取了数万个交纳年费的会员。仅凭 800 元/年的会员费，就给公司带来了约 5000 万元的业绩增长，而在 10 000 个会员中，至少有 50%的人是通过微信社群转化进行购买的。

令人惊讶的是，对这 3000 个微信社群进行运营和管理，并实现了转化的社群运营团队，只有三个人。也就是说，对于微信社群产生的 50%的销售额（约 2500 万元），Hi-Finance 的用人成本只是三个社群运营员工的人力成本。想必这样的高项目收益、低流量成本，是所有老板都梦寐以求的。当然，在性价比的背后，是策略和技术的双重支持。三个人管理 3000 个微信社群，肯定不能靠人工。关于社群管理的工具和常见方法，我们会在 5.3.3 节中详细介绍，工具可以在一定程度上提高社群的运营效率。

对于 Hi-Finance 来说，"更低的流量成本"不止靠内部团队节约成本，还因为找到了最适合企业产品运营的方法和策略，比如 Hi-Finance 经常举办线下培训活动,且频率非常高。相信很多经常做线下活动的企业会清楚,在活动现场没能成功转化的用户大概率就会直接流失。Hi-Finance 选择将所有参加过线下活动的用户都导流至微信社群中,再进行后续的转化。很多依靠线下场景转化的企业都希望在投入"更低的流量成本"的同时沉淀大量的用户来实现企业业绩大幅度增加,但大多数线下企业对于新型的商业逻辑缺乏认知,很难迈出第一步。

将参加活动的用户沉淀到微信社群很容易吗?Hi-Finance 一般是这样开设线下金融专业课程的。在确定主题后,社群运营人员会根据主题和活动的核心内容生成一张海报,这张海报会被发布到企业的微信公众号、已有的用户微信社群及自有的其他新媒体渠道等,通过各个渠道覆盖的用户进行推广。

如图 5-3 所示,感兴趣的用户通过扫描海报上的二维码,关注 Hi-Finance 的微信公众号,接着按照自动回复的消息的指引将海报转发到微信朋友圈,截图并发到微信公众号后台,在截图通过验证后就获得了线下活动的报名资格。在活动现场,工作人员会引导用户加入微信社群进行学习和交流。在这些参加线下活动的用户进入微信社群后,运营人员会通过一些内容和奖励的引导,来转化更多的线上课程及年费会员服务等。对于 Hi-Finance 来说,微信社群是企业转化的一个重要工具,以此打通了线上和线下流量体系。将微信公众号和微信社群打通,进行双向沉淀,往往可以达到事半功倍的效果。

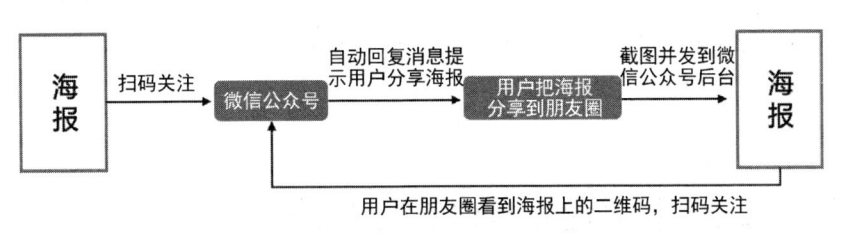

图 5-3

组织线下活动的企业主可以思考以下的问题:我的企业能否通过社群营销的方式提高业绩呢?对此,我需要投入的资源和流量成本分别是多少?能否实现"低流量成本、高项目收益"呢？

下面再来看一下关于社群"更高的转化率"的部分。线上保险咨询类的服务企业，通过一个200人的微信社群，可以收获15万元的保险费。从这个例子中可以看出，一个仅借助私域流量运营和社群营销的行业正在快速发展。当然，这种私域流量运营的方式可以奏效，也与保险行业的固有属性有关。人们以前买保险大多由熟人介绍，买保险买的不是"专业"，而是"关系"。

保险行业在适应了互联网环境后，一些保险企业选择用专业的内容吸引用户，再通过线上售卖保险。在这样的模式下，保险企业遇到的第一个问题就是信任。

选择与自媒体、"网红""大 V"等合作，与用户的契合有局限性，所能带来的保额增长很有限。保险行业和微信社群碰撞出了营销的新火花。保险企业通过保险公开课引流，将有学习保险知识需求的用户引入社群。保险公开课打破了用户的固有观念。在课程结束后，保险企业推出根据个人情况定制保险的业务，这样就很容易树立专业性，建立用户的信任感。进群的用户都有统一的学习目标，保险企业在课后再适当地做内容引导，成交转化会变得相对容易。根据业内人士透露，从进群到最终购买保险产品的转化率最高能达到15%，按平均客单价为5000元计算，一个200人左右的微信社群能够产生15万元的保额！

要想用微信社群做企业的私域流量池，就要发挥微信社群的两大优势——更低的流量成本和更高的转化率。

5.2 我的企业适合做什么样的社群

社群有这么多优势，你有没有心动呢？你的企业适合什么样的营销策略？该怎样找到适合自己的方法呢？

5.2.1 企业希望通过社群达到什么目的

首先，我们要明确希望通过社群达到什么目的，这也是制定运营策略的逻辑。怎么才能知道社群增长的模型，怎么确定转化目标呢？当然不能拍脑袋想。因为行业、人群属性和产品类型不同，所以这些是没有标准答案的，我们的建议是先进行一轮测试。

企业做微信社群的目的不尽相同。有的企业把微信社群作为与用户连接的媒介，增加用户黏性，从而增加购买量；有的企业想通过微信社群进行用户裂变来大量地增加存量用户数量；有的企业希望通过微信社群进行用户品牌教育和理念灌输，在占领用户心智后形成高阶产品的转化。

企业都需要根据自身情况来设置社群运营目标，这点非常重要。企业需要根据自身所处的行业背景、市场环境、业务情况等综合分析，在有了充分的认知和了解后，再来制定目标。有关行业背景的分析可以委托外部咨询公司配合调研。我们团队在接触客户时，经常会遇到的问题是，客户在看了一些社群增长的案例后，感觉很简单、自己也可以做，所以就会制定一些非常不符合实际情况的增长 KPI 和转化目标。

对此，我们的建议是，先进行小范围测试，用最少的投入来了解目标用户对活动的反馈情况，再根据测试结果，调整具体的增长和转化目标。

我们一方面要在测试过程中对数据进行时时评估，另一方面要从最终的转化效果出发，反推可以优化的环节。我们可以根据企业的微信社群的实际情况来设定监测的数据指标。以一个餐饮实体店为例，列举一下仅在微信社群中需要监测的数据指标有哪些。

如图 5-4 所示，首先是引流指标，即测试活动产生的引流人数，继而对比不同引流方式下的数据。其次是裂变指标，即平均一个用户裂变来多少个新用户。最后是转化指标，也就是社群内的用户能给企业带来的直接收入，企业也可以同步监测在不同活动中不同的 SKU 的转化率等。

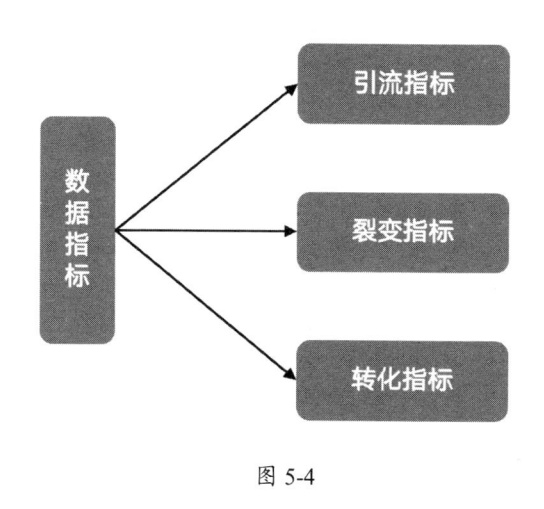

图 5-4

在微信社群这个私域流量池载体搭建好后，我们需要在每次活动中不断地对数据进行评估，找出活动的优势和问题，再有针对性地优化。我们还需要考虑企业所投入的项目成本和其他资源等，对社群营销进行评估和改进。

5.2.2　微信社群为什么会对用户产生强黏性

同样都是做微信社群，为什么你的微信社群一点都不活跃呢？在别人的微信社群中每天都有大量用户互动聊天，有什么特别的方法吗？不知道你是不是也有这样的疑问。我们先来分析一下用户为什么会对微信社群产生黏性，那些活跃度高、黏性强的微信社群用了什么方法呢？

1. 承接转化的产品

在一个微信社群中，承接转化的产品是至关重要的。通常具有高复购特性的产品，更容易提升该社群的用户黏性。快消品一般都是高复购产品，比如商超和便利店等出售的蔬菜、水果、日用品、零食、饮料等，这些快消品因为长期、反复被用户购买，产品本身对用户就具有强黏性。所以，这类对快消品有需求的微信社群用户，通常被企业视为长期用户。企业在做客户关系管理的同时，也希望用户黏性强，本着一切从用户出发的原则，需要给用户一个不退群的理由。

我们来看看苏宁小店是如何用微信社群做私域流量运营的。苏宁小店是一个类似于全家、7-11 的便利店，但与传统便利店不同的是，苏宁小店的主战场在小区。新用户在消费后，会被邀请加入一个微信社群，这个微信社群就是苏宁小店的会员群。群内的用户能够享受专属于社群的折扣，苏宁小店很好地将线上客户关系管理系统和微信社群打通，用户可以在微信社群内查到自己的会员积分，后期还能用积分兑换奖品。

如图 5-5 所示，苏宁小店的受众是周边小区的用户，群内用户通常都有购买日常消费品的需求，而微信社群与会员资格打通，给了用户一个不退群的充分理由。微信社群与群内用户深度绑定，苏宁小店通过微信社群不断地向用户推送店内的商品信息及促销活动等，而群内用户通过微信社群的触达不断到店参与活动，采购商品，这两者可以很好地相互促进，微信社群也达到了"常用、常活跃"的效果。

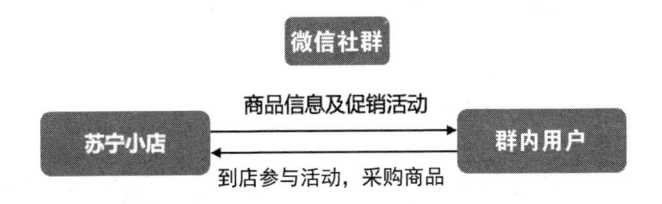

图 5-5

2. 裂变诱饵的选择

对于裂变活动来说，同样的裂变策略对 A 企业有效，但不一定对 B 企业也有效。裂变诱饵能否奏效，是与每个企业的目标人群的属性密切相关的。比如，一位互联网公司的运营主管,可能对在线上学习运营技能的课程感兴趣;一个大四的学生,可能对查询论文重复率的产品感兴趣;对于学生家长来说,孩子的各类线上辅导课程都具有吸引力。如果你的产品在特定的人群中很有吸引力,那么也可以尝试用与相应人群属性密切相关的产品做诱饵进行社群裂变。

3. 社群黏性

社群裂变活动需要对用户有强拉力。要想通过微信社群来增加企业与潜在用户接触的机会,策划好社群裂变活动尤为重要,不论做什么样的活动,核心的裂变策略都是要对用户有强拉力。很多企业采用"先体验再转化"的策略,就是先将用户拉入社群内,在用户体验后再营造气氛,适时转化。所以,很多企业看好微信社群的转化能力。我们在前文提到,微信社群可以有效地转化高阶产品,对于服务类的高阶产品(比如,教育、定制化保险、定制化旅游产品等)尤其有效。对于这类定制化服务产品,微信社群是很好的体验中心,企业可以很好地利用微信社群实现对用户的转化。

如果企业想用微信社群做私域流量池来沉淀大量用户,就需要做好裂变活动。我们在第 3 章中对裂变环节有比较详细的介绍,社群裂变也是最常见的裂变方式,但我并不建议直接套用其他企业的裂变方式,企业需要打磨适合自己社群的裂变方式。

下面以某金融理财课程为例来看如何搭建微信社群营销体系。

该企业的一位高管找到我们团队,希望利用企业已有的存量用户,以线上的低阶课程为裂变诱饵,搭建一套微信社群营销体系,进一步对高阶课程进行售卖。

微信社群营销体系如何搭建?在进行多次协商后,我们最终设计并呈现出了一套课程运营逻辑。我们以金融初学者为目标人群,以低阶的小白理财课程为引流产品,并以微信社群为媒介,开设了针对该小白理财课程的训练营,最后在群内进行高阶课程的转化。这样的产品逻辑，充分地展现出了社群的转化优势。在确定了产品、运营及转化逻辑后，我们就要准备训练营的 SOP 了，后续会根据课程情况和用户反馈对 SOP 进行优化。

图 5-6 是训练营的 SOP。如果 SOP 细致、规整，那么执行起来会更流畅。SOP 是怎样制定出来的呢？社群运营是很琐碎的工作，针对这样一个看似简单的社群训练营，我们要准备大量的内容，才能达到如图 5-6 所示的效果。

	8:30	上午	12:15	下午	17:15	18:15	19:15	20:30	21:15
前一日	—					• 开营，邀请进入学习群 • 做信息收集 • 自我介绍 • 对课程安排进行答疑	• 课程及讲师简介 • 讲解群规则 • 课程预热 • 课前阅读	禁言	禁言
开课日	• 早晨励志问候 • 今日课程预告 • 提醒群规则信息 • 早间阅读		午间阅读	禁言	禁言	• 提醒开课 • 课程预告	禁言	• 课程开始 • 课后群活跃 • 引导答疑 • 布置作业	晚间阅读
后一日	• 早晨励志问候 • 早间阅读 • 今日安排及讲解群规则		禁言	午间阅读	• 课程回顾 • 经典理财案例分享 • 今日课程预告	禁言	禁言	• 课程开始 • 课后群活跃 • 引导答疑 • 布置作业 • 课后学员分享	晚间阅读

图 5-6

首先，我们要提前学习小白理财课程并根据课程的内容提炼相关知识点，准备与金融理财相关的文章 100 多篇。我们每天更新一节小白理财课程，根据课程涉及的知识点来匹配课前和课后的阅读文章。这 100 多篇文章只用于第一个阶段为期七天的小白课程，正式运营后需要根据用户偏好进行调整。

其次，我们对自由交流和课后提问的环节做了准备，主要搜集了理财社区中常见的问题，总结了 5 个大类别，共计 200 多个问题，并逐一做了 Q&A 准备。

在小白理财课程训练营社群中，除了群主，我们还构建了一个女姓助教"小鹿姐姐"的"人设"，让她在群内做用户引导，把课程信息用私信发给用户并与用户进行简单的交流等。对于这个虚拟 IP 形象，用户反馈还不错。

最后，我们做了数据分析。我们在整体运营过程中，对各项有关数据都进行了监测，比如我们可以很好地根据前期的转化结果来优化后续的运营策略。

有了以上这一整套运营方案的支持，在产品上线后，我们将高阶课程的转化率长期维持在 10%以上，达到了双方的预期效果。当然，这离不开执行团队对 SOP 的有效执行。

5.3 社群的内容与活跃

在了解了微信社群的运营策略和 SOP 制定的同时，相信你充分地意识到了社群需要大量内容支持，内容是决定社群活跃度的关键。

5.3.1 社群为什么会死亡

在探讨该怎么做社群内容之前，我们先来了解一下社群为什么会死亡。在第 4 章中提到了关于用户生命周期的概念。同理，每个微信社群也有自己的生命周期。比如，在你加入的社群里有一些长期不活跃的社群，这样的社群基本就可以被宣告死亡了。

社群死亡的表现形式通常有用户不再关注群内信息、用户之间不互动交流或很少交流、用户主动退群等。只要出现类似的情况，你的社群就很危险了。

怎样才能让社群不死亡呢？我总结了以下几点。

1. 要有合适的群主题

比如，对于以短期课程为主题的群来说，在通常情况下建议在课程结束后，将社群主动解散。再比如，对于以春节团购促销为主题的群来说，在大家买完年货后，如果后续持续有家庭快消类商品活动输出，这个群就能有双向的长效需求，就可以转型为长期功能性购物群。

群主题在很大程度上决定了社群的生命周期。通常能满足用户长期需求的社群（比如，公司全体员工群、校友群等）或者有不可代替的功能性社群（比如，阅读打卡群、甲乙方资源互通群、淘宝优惠券分享群、外卖红包群等）的生命周期都很长。

2. 在微信社群内要有良好的沟通氛围

大多数人都愿意交流和分享自己的想法，或表示赞同，或提出反对意见。这是群内好友之间沟通交流的方式，营造了很好的社群氛围。当然，社群自然发展不会得到这种良好的氛围，我们要适当地做引导来维系微信社群的活跃度。这就需要KOC多引导话题，并抛出对该话题的不同观点，在群内引发良性讨论，再适时地做引导。KOC可以是群主，也可以是对该社群高度认同，有强依赖性、强归属感的关键性人物。我们通过短期观察，可以找到他们在社群内的活跃高峰期，然后在这个时间段抛出我们的活跃话题，长此以往引导用户养成在这个时间段活跃的习惯。群友们在相互熟悉后，就愿意自发地在群内进行交流，社群的活跃度就会良性上升。

3. 要有运营技巧的配合

运营方式的应用、运营工具的选择，以及活跃气氛的话术和小游戏的使用等，都是一些常规的运营技巧。这要根据企业的产品、社群运营目的和群主题共同评估，看一看有哪些合适的技巧可以使用、具体选择哪种内容形态、是否需要使用一些有仪式感的工具协助等，比如微信最近推出了群待办的功能，群主可以发布待办任务，用户在阅读完任务后，可以打卡确认，仪式感十足。

在上述几点中，对于企业来说，群主题的设定尤为重要，这关系到用户为什么会加入这个社群。用户加入这个社群期待获得哪些内容？该社群实际输出的内容能否满足用户对社群原本的预期甚至超出这个预期呢？要想有良好的沟通氛围，一方面需要群规的维持，另一方面也需要 KOC 带动社群活跃，再适当地使用一些运营技巧。只有对群成员不断地激活和刺激，社群才能保持活跃。社群活跃是转化的前提。

5.3.2 社群定位与内容策略

因为企业可以通过社群与用户高频沟通，促成高频成交，所以社群深受企业主偏爱。但也正是因为高频沟通，所以企业需要大量的内容来填充社群，以满足社交需求。对于社群内容，企业应该采用什么样的策略呢？在不同的社群定位下，内容策略又有何不同呢？下面以几类典型的微信社群为例，来分析一下社群的内容策略。

按照常见的微信社群分类方法，我们将社群分为流量群和转化群。流量群在 5.1 节中已经提及，下面以转化群为例来看一看制定社群内容策略的基本流程。

要制定内容策略，需要先明确微信社群的定位，即社群转化的目标是什么、要达到这个目标有哪些必不可少的内容、社群中的用户对内容的偏好是怎样的、在内容发布频率和发布时间上如何安排更优、用户能接受什么类型的内容和内容形式等。

接下来，根据我们分析并确认好的社群定位来匹配该定位下的内容，准备内容选题。这里需要参考 5.2 节提到的金融理财课程的案例，我们在拟出内容选题方向后，要准备内容，根据内容投放的实际效果和用户反馈，对内容选题进行优化调整。同时，我们也可以对社群中用户实时交流的内容进行收集。这些内容可能是对产品的建议，也可能是用户的真实消费需求，这些真实的声音也是我们希望从用户这里得到的。我们通过从用户端获取的信息，有针对性地对产品及内容进行升级和优化。

下面介绍一下什么样的内容是用户真正需要的，哪些又是需要调整和优化的。

首先，我们要判断用户喜好。以一周为测试周期，通过这一周投放在群内的内容来判断哪些话题是用户讨论得比较热烈的、哪些内容是用户明确表示不喜欢的、哪一天的群消息数量比以往多。这时再分析原因，在了解了用户感兴趣的内容后，集中对这类内容进行深度运营，就可以做到更高频的内容输出了。

其次，需要根据用户对内容的关注情况进行实时调整，用户可能加入了几十个甚至几百个微信社群，是否会查看我们的微信社群的消息呢？这就需要抢夺用户的注意力。对用户感兴趣的内容事先做预告，也是不错的办法。我们要让用户知道在什么时间来到这个社群，会看到他感兴趣的内容。

最后，运营人员要提前准备好次日或下周要在群内发布的内容，并在特定时间输出内容，引起社群用户讨论。同时，运营人员也要对可能出现的讨论方向做提前预判和回答。不论是提问还是分享，都建议有特定的模板，树立标准化和专业化的作业流程。不是每个用户都能根据话题，主动分享自己的经验，这时我们准备的分享模板，就成了比较重要的引导手段。

如图 5-7 所示，当用户发现有人用类似的结构分享内容后，他只要复制和粘贴，再根据自身的情况将内容稍做修改，就可以发布出来了，这样方便用户参与，增加了社群的活跃度。

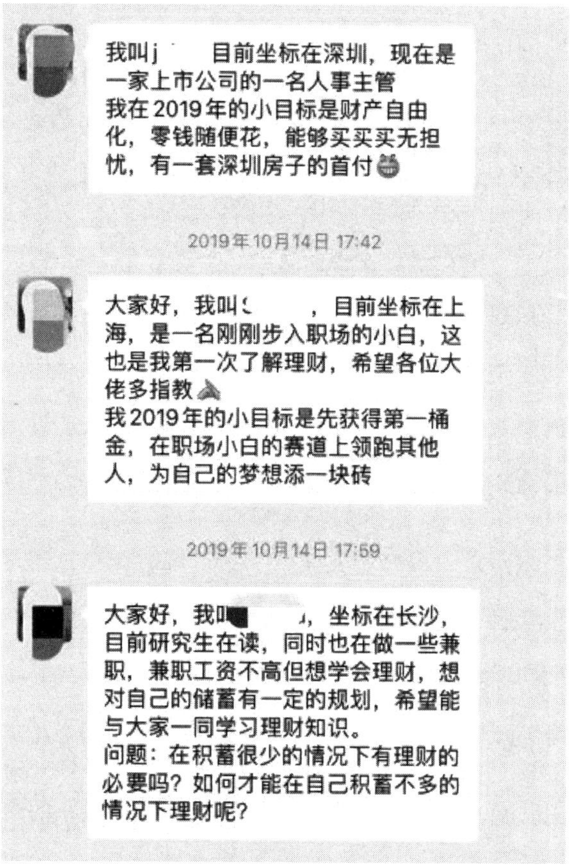

图 5-7

此外，运营人员还需要针对每天的时事及热点话题，准备与时俱进的内容；同时，群内用户在一起聊天时，又会发散出更多的话题，这需要运营人员随时准备好"热场"，把控用户的话题动向。这些临时性的内容，将作为日常运营内容的补充材料。

如果企业对活动达成的转化目标不满意，或者很难引起用户反馈，就应该及时调整内容。

5.3.3 提高管理效率的 N 种工具

如果企业运营的社群达到了一定的用户量级,仅通过人工的方式管理,就会出现流量成本极高、容易出错等问题。这时,企业可以选择一些提高管理效率的工具来对社群进行辅助运营和管理。

选择一个称手的工具,对运营来说也很重要。目前,市面上有很多社群运营和管理的工具,都应用得十分广泛,功能也都比较强大。当然,一个私域流量运营人员需要实时关注腾讯最新的相关政策,避免政策风险带来的不必要麻烦。最核心的当然是以用户体验为中心,不要骚扰用户。

具体的工具分为以下几类。

1. 社群内容层面的工具

社群内容层面的工具包括最基础的入群欢迎、关键词入群、关键词回复、定时群发任务、多群群发、自动踢人、智能聊天机器人等工具,可以批量和定时推送文字、链接、图片等,大大地减少了运营人员花费的时间和精力,提高了工作效率。对于社群公开课来说,直播、录播、重播的工具现在比较成熟,可以让学习型社群的内容得以有效传播。在社群的海报制作方面,也有很多在线的图形设计工具,运营人员可以直接使用这些工具提供的海量模板素材,仅通过托、拉、拽的方式就可以轻松地完成精美的社群宣传海报制作。在社群二维码转换及美化方面,也有很多好用的工具,便于社群二维码高质量的传播。在社群内容付费方面,对于一些需要付费加入的社群来说,也有工具可以辅助做到群内容仅限群内人查看,这不仅保护了内容的著作权,同时对已付费的用户也是一种保护,即便从群内分享出去给其他人看,未付费的用户也是需要付费才能查看的,其在付费后就加入了该社群,再通过工具可以看到群里之前自动保存的聊天记录,也可以通过工具辅助收集并查看群内好友的自我介绍。

2. 社群活动层面的工具

在第 3 章介绍裂变的部分介绍过这个内容,社群活动层面的工具有以下几类:①适合社群裂变的任务宝工具等,通过活动诱饵吸引目标用户进群,并让用户不断地在微信社群/微信朋友圈转发该活动。②社群问卷调查工具,可用于设置一些关于产品及活动测评、问卷调查、在线考试、报名表单、投票的内容,具有快捷、易用、流量成本低等优势,便于与用户建立互动,同时可以辅助社群推广,收集用户建议。③报名线下活动的工具,可以在个人、企业或组织举办活动时,实现报名的功能。

3. 社群管理层面的工具

社群秩序维护也是社群管理的基本需求,一些辅助管理社群的工具可以通过自定义关键词的方式设定规则,精准地识别关键词、名片、二维码、链接等违背群规定的内容,在保证社群用户质量的同时净化社群环境,如快速踢出群内广告户、潜水者、"僵尸粉"等。还有一些群内的互动小游戏,也很受用户喜爱,如成语接龙、猜歌名、趣味问答等。这些得力的工具将极大地提高社群管理的效率,可以轻松地打造一个高价值的社群。此外,还有一些企业与客户关系管理系统打通,对用户在社群中的行为进行实时记录,实现了更精细化的用户管理。

4. 社群分析层面的工具

这类工具可以有效地监督社群的活跃度,辅助完成社群用户的分层。比如,群内用户新增和流失的统计工具,就很好地解决了"我们不知道是谁退群了"这个问题。有了这个工具,我们就可以知道每位用户的活跃情况。我认为这类工具的最大用途就是查看用户的活跃度。我们可以适当地对一些不活跃的或者在群内发言条数排在后面的用户进行降级处理来保持社群充分活跃。这类工具通常可以满足查询群内成员发言数、群积分数、群数据统计等需求。还有一些社群数据记录类的工具,可以实现多人同步在线协作的功能,主要用于导入本地数据文件,实现在线数据共享与协作。

本章小结

在阅读完本章后,我们一起来总结一下私域流量池与微信社群相关的内容。

(1)微信社群可以较好地实现用户触达,并具有双向沟通的特点。

(2)对比私域流量池载体中的个人微信号、微信社群和微信公众号,微信社群有与用户高频率沟通的优势。

(3)社群营销代表了更低的流量成本和更高的转化率。

(4)在微信社群正式建立前,最好先进行测试,对测试数据进行评估,找出活动优势及问题,在有针对性地进行优化后正式投入运营。

(5)微信社群的用户活跃度与企业的产品特性、社群的裂变诱饵和应用场景都有很大的关系。

(6)一个好社群的衡量标准,是合适的群主题、良好的沟通氛围和运营技巧的充分配合。

(7)微信社群的定位决定了社群的内容策略。

(8)微信社群的内容需要根据用户的喜好设置,并根据用户对内容关注的程度及时调整优化。

(9)目前,已有很多可以提高社群管理效率的工具,在内容层面、活动层面、管理层面及分析层面都可以辅助微信社群的运营和管理。

第6章

如何用微信公众号做私域流量池的载体

在了解了如何用个人微信号和微信社群做私域流量池的载体后,我们再来看一下如何应用微信公众号做私域流量池的载体。

微信公众号是2012年腾讯公司推出的一款基于微信社交平台的媒体工具。个人、企业或者组织都可以在微信公众号上进行一对多的内容输出活动,以此进行信息的传递与沟通。截至2019年8月,微信公众号的注册账号已超过2000万个,其中不乏知名媒体、优秀企业,大家都渴望通过微信公众号实现营销。不论是企业还是个人,都希望自己的内容可以被更多的人看到,微信公众号真正实现了"再小的个体,也有自己的品牌"。

App的用户数达到了一定的量级,就代表了这里有新鲜活跃的流量,那么企业自然想要到这里吸引一些流量为自己所用。以微信为代表的 App，有了用内容来吸引用户的端口，各大企业自然就掀起了注册微信公众号的热潮，并设立了"新媒体运营"这个岗位。新媒体运营人员除了要运营微信公众号，还要运营企业的微博、抖音等新媒体平台账号。经过了这两年的沉淀，出现了一些反对新媒体的声音。企业的"双微一抖"，特别是企业的微信公众号还值得运营吗，应该如何运营呢？相信看完本章，你会找到答案。

6.1 企业的微信公众号要服务于有质量的用户增长

每个微信用户都会关注很多微信公众号，这些微信公众号发布的内容可能是有趣的、好玩的，可能是有价值的，也可能是用户喜欢的领域的。企业的微信公众号要想被用户关注，怎么做呢？是什么吸引了这些用户，让他们关注某个企业的微信公众号呢？

我认为用户可以按以下几种类型来划分：①对企业和品牌有深度好感的用户，包括企业员工和企业忠实用户；②身处这个行业，想要横向对比各个企业的动向及产品情况的用户；③购买了产品，通过售后引导或对产品有好感成了微信公众号的粉丝；④单纯被某个内容或活动吸引来的用户，他们可能原本对这个企业没有特别的印象，却因为一篇好内容对企业产生了好感，进而成为这个企业的粉丝。所以，可以看到，企业的微信公众号从开始建立到粉丝逐渐沉淀的前期，更容易吸引的是前三种用户，而如果企业的微信公众号"涨粉"到达了瓶颈期，那么需要"拉新"的用户主要是最后一类用户。对于这类用户，企业需要做的就是做有质量的用户增长。

6.1.1　企业的微信公众号应用误区

在做有质量的用户增长前，我们先来了解一下企业的微信公众号的特点及应用。可能有人会说，微信公众号的作用不就是发布内容沉淀用户，做一个与用户沟通的媒介工具吗？没错，但对于微信公众号的应用，往往会存在一些误区，特别是企业注册的微信公众号，而这些误区会直接导致企业在使用微信公众号时，出现以下问题。

（1）分不清楚服务号和订阅号，没有明确两者的区别和用法，这会造成事倍功半的应用效果。

如表 6-1 所示，我们先来看一下订阅号和服务号的区别。订阅号的主要功能偏向于为用户传达资讯，它可以被理解为电子版的报刊，以为用户提供新闻信息及娱乐趣事为主，一般来讲，每天可以发布一次消息；服务号的主要功能偏向于服务交互，与 114 查询、银行信息查询、绑定信息、完成个人化服务等交互功能类似，每个月可以发布四次消息。所以，如果你只是希望使用微信公众号简单地发布消息，做宣传推广，那么可以选择订阅号。如果你想用微信公众号进行商品销售，那么可以选择服务号，服务号的各项功能相对完备，如微信公众号认证、申请开通微信支付等。

表 6-1

功能权限	订阅号	服务号
消息显示在好友的对话列表中	—	√
消息显示在"订阅号消息"文件夹中	√	—
每天可以发布一次消息	√	—
每个月可以发布四次消息	—	√
基本的消息接收/回复接口	√	√
自定义菜单	√	√

总之，对于非内容生产型企业来说，服务号发布消息的次数基本上能够满足企业与用户互动的需求，并且发布的消息在微信首页的一级列表中展示，能获取更高的打开率，这对于企业来说十分重要。此外，服务号还提供了丰富的接口功能，能够满足企业更多元的需求。

（2）不清楚微信公众号适合发布什么样的内容。因为是企业账号，所以要充分考虑将企业诉求与用户视角相结合，但在通常情况下，企业的微信公众号的内容很容易陷入非用户视角，这就变成了企业"自嗨"。在本书中，我们一直强调，私域流量池沉淀的是用户，绝不能忽视以用户需求为核心。

如何区别内容是适合服务号还是适合订阅号呢？服务号更适合发布活动信息，一个好的标题、劲爆的活动内容，加上自然的过渡，就能起到引流、沉淀用户到流量池的目的。订阅号每天推送的内容，需要足够吸引用户眼球，或利用热点，或分享干货。

（3）企业发布的微信公众号内容通常都只与产品或品牌相关，几乎不发布其他关联性弱的内容，写来写去就是那些内容，好像没有新的选题。

下面分析一下品牌型企业的微信公众号的内容逻辑。依据 AISAS 模型（消费者行为模型），消费者行为可以分为如图 6-1 所示的五个阶段，即吸引关注（Attention）、产生兴趣（Interest）、主动搜索（Search）、采取行动（Action）、进行分享（Share）。

	吸引关注 →	产生兴趣 →	主动搜索 →	采取行动 →	进行分享
没有自媒体	各大媒体渠道	官方网站	电商平台		论坛
拥有自媒体			自媒体		
内容建议	聚集用户	提供产品认知		说服购买	刺激分享

图 6-1

在微信公众号等自媒体没有出现前,用户一般被各大媒体渠道投放的广告吸引(吸引关注)并产生兴趣,主动搜索企业的官方网站了解企业或产品的详细信息。然后,用户通过企业的官方网站或者电商平台下单购买(采取行动),成了产品的用户,可能会选择通过论坛分享自己的购物体验及使用产品后的感受(进行分享)。用户消费的过程是割裂的,必须从一个平台切换到另一个平台。在这个过程中,用户随时都会流失。企业自媒体就可以很好地解决这个问题,如图 6-1 所示最下面一行,因为有了自媒体这样一个统一的系统,用户可以在整个消费过程中得到一站式的服务支持。

这样一来,企业就能根据用户所处的不同决策期,策划不同的内容和选题了。企业用有趣、实用的内容来聚集用户。用户在对产品感兴趣时,能找到关于产品介绍的内容。如果用户想要购买,那么微信公众号内嵌入的线上商城就可以协助用户购买。如果用户还想把这款产品分享给好朋友,那么在微信环境中分享起来也很容易。

在理解了品牌型企业的微信公众号的内容逻辑后,相信你就知道了企业的微信公众号都要策划什么内容。

(4)过于看重微信公众号文章的阅读量和公众号的粉丝量,以为只要文章的阅读量高,公众号的粉丝数增加就"万事大吉"了。只关注文章的阅读量和公众号的新增粉丝量是远远不够的。如果要分析一篇微信公众号文章的传播路径和效果,那么需要对后台的各项数据进行监测。下面一起来看一下在微信公众号中,还有哪些后台数据是需要我们监控和分析的,以此来判定文章的传播与转化效果。

数据只有与转化挂钩,才能实现更健康的用户增长。麻省理工学院(Massachusetts Institute of Technology,MIT)的研究发现,以数据驱动来做决策的企业,其生产效率通常比一般企业的生产效率高出 4%,总利润平均高出 6%。

这也是我们一直强调的复盘和分析，用科学、准确的方式对数据进行统筹和分析，会达到事半功倍的效果。

我有一个做新媒体运营的好朋友，他说看到某个企业做了一次裂变活动，粉丝增加了很多，但是自己用差不多的模式来效仿，结果却差强人意。他来跟我抱怨，说一定是因为自己的运气不好。裂变营销不是玄学，我始终相信是可以透过数据看出活动好在哪里，又差在哪里的。

下面详细解读一下微信公众号后台的数据功能及如何使用。

图 6-2 是微信公众号后台的统计板块，我们根据这个后台的数据展示来分析主要的统计功能如何应用。

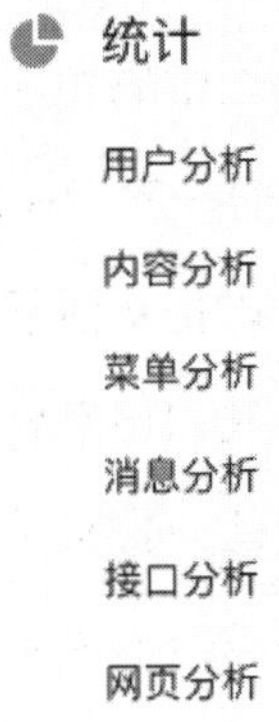

统计

用户分析

内容分析

菜单分析

消息分析

接口分析

网页分析

图 6-2

1. 用户分析

用户分析包含用户增长和用户属性两个部分。

（1）用户增长。用户增长包含四个关键指标，即新增人数、取关人数、净增人数和累积人数。

新增人数和取关人数分别是每天实时"涨粉"和"掉粉"的数据，净增人数是新增人数和取关人数的差值，而累积人数是当前关注微信公众号的总人数。如果在做了裂变活动后，用户增长呈现一个峰值，那么我们要注意这类用户，因为他们是通过活动或领奖关注的，所以可能不够精准，甚至在一段时间后微信公众号还会"掉粉"，只有真正通过活动沉淀下来的用户才是我们的精准用户。再比如，我们今天发布了一篇文章，这篇文章可能会让微信公众号"涨粉"，也可能会让微信公众号"掉粉"，在横向对比几篇文章的数据后，我们就能分析出用户对内容的偏好。

在分析上述四个关键指标的过程中，不能忽视的是用户来源。用户来源在微信公众号后台中可分为搜一搜、扫描二维码、文章内账号名称、名片分享、支付后关注、他人转载、微信广告及其他。我们通过分析关注微信公众号的用户来源，能得出一些结论。比如，通过搜一搜关注微信公众号的新增用户较多，说明账号已经有了一定的影响力。通过分析扫描二维码关注的新增用户数量，我们可以准确地判断一次裂变活动当日的效果。我们一般会在线上/线下活动的海报中放置微信公众号的二维码，通过后台数据，可以得知活动推广的情况。通过文章内账号名称关注微信公众号的用户较多，说明我们已经成功地靠内容"涨粉"了，内容一定引起了共鸣，使得用户转发分享，从而带来了新用户。通过名片分享关注微信公众号的用户较多，说明在用户之间已经形成了口碑效应。支付后关注微信公众号的用户较多，说明很多用户在实体店铺完成支付后，关注了微信公众号。通过他人转载关注微信公众号的用户较多，说明转载的用户本身是具有一定影响力的KOC。通过微信广告关注微信公众号的用户较多，说明一些外部广告投放起到了作用。

（2）用户属性。我们通常可以根据账号类型判断出用户属性。比如，一个科技IT类企业的微信公众号，一定以男性用户居多，用户的平均年龄在25~46岁，且具备一定的经济能力，而一些时尚穿搭类的微信公众号用户大多是女生。用户属性通常可以分为性别、语言、年龄、地域等。

2. 内容分析

单篇文章的数据通常有以下几个关键指标：送达人数、阅读人数、分享人数、引导关注人数。这几个指标构成了一个转化路径，可以看出各个环节的转化率。这些数据及转化率有什么用处呢？我们通过单篇文章的数据概况可以分析出文章标题与内容的关系，进而可以对运营做出调整。

图 6-3 是关于文章阅读量和微信朋友圈分享占比的象限图。

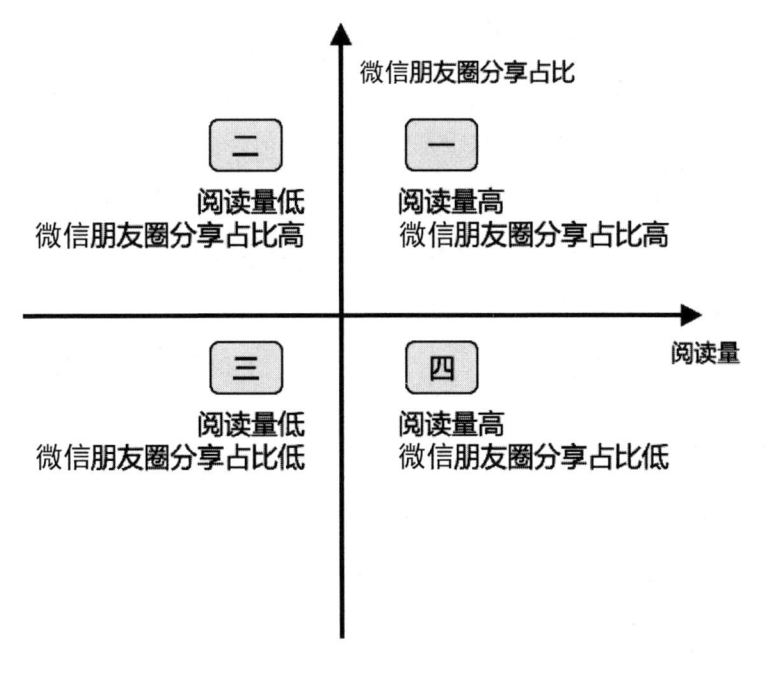

图 6-3

在第一象限中，文章的阅读量高、微信朋友圈分享占比高，说明文章的标题很吸引人、内容深受用户喜欢，具有"爆款"文章的潜质。在第二象限中，文章的阅读量低，但微信朋友圈分享占比高，说明打开率虽然不高，即标题不够吸引人，但是看过文章的人觉得文章还不错的比例很高，都乐于分享到微信朋友圈，这时我们需要反思在下次更新内容时，如何把标题起得更吸引用户，以便提高打开率。在第三象限中，文章的阅读量低、微信朋友圈分享占比低，说明文章的标题和内容都有很大的进步空间，用户对标题没有点击的欲望，愿意把文章分享到微信朋友圈的人也不多。在第四象限中，文章的阅读量高，但微信朋友圈分享占比低，据我了解，很多粉丝量大的账号的数据都处在这个象限内，也就是说文章的实际内容一般，但"标题党"的功力十足，粉丝看了标题，打开率很高，但在阅读完文章后，觉得内容没有达到像标题一样的预期，分享的数据就相对低一些。

3. 菜单分析

我们可以通过对微信公众号菜单栏中各个栏目的点击情况进行监测，及时地调整栏目的位置和名字，以获得更多点击量，如长期监测发现有些栏目的点击量过低，就可以考虑将其替换了。这也是现在很多微信公众号的栏目都用一些有趣、有吸引力的名字的原因。比如，我的微信公众号"有点自我"的菜单栏中的栏目分别是"有点货""有点态度""有点意思"。在起这组名字之前，我的微信公众号的菜单栏只有"联系我们"和其他两个平平无奇的名字的栏目，只有"联系我们"栏目会有一些点击量，这不足以抓住用户。于是，我进行了替换。

4. 消息分析

微信公众号后台中消息分析的数据，主要反映了用户的互动率。互动率主要通过引导用户回复关键词和用户主动互动消息进行分析。

引导用户回复关键词的方式很常见，我们在阅读到一篇文章的结尾时，会看到"想获取更多内容，可以在后台回复关键词××。"比如，一些在网盘中的学习资料，或者白领常用的PPT模板等。这是进行用户留存常见的方法。通过这些后台数据，我们也可以直观地了解文章的阅读量以及用户在后台回复关键词的数量，参考这些数据就能适时对文章内容的质量做提升，同时判断用户对哪些关键词更感兴趣。另外，除了我们引导用户回复的关键词，用户主动向平台发送的关键词和通过发送这个关键词想要获取到的相关信息更需要被重视，它们可能代表了同类用户主动告诉我们需要什么样的内容，我们可以设置相应的关键词和回复内容,来提高对微信公众号用户的服务水平。

此外,还有接口分析和网页分析。这两个功能更多地涉及了技术层面的分析,这里不做过多阐释。关于微信公众号后台常见的数据分析就先介绍这么多。我们为企业做微信公众号代运营服务时,还会从后台导出 Excel 表格,系统地分析表格数据,除了进行日常的单篇文章分析、用户分析,还会对每篇文章进行评级分析,以便调整选题方向,并找到更适合用户品位的内容。

此外,微信公众号后台在 2019 年增加了一些关于数据分析的功能,便于更好地提高账号运营效率。比如,微信公众号后台增加了跳出比例、仍读比例和常读用户分析等数据统计功能,目的是让运营人员更直观地了解微信公众号运营的用户情况。其中,跳出比例与仍读比例是两个可以直观地了解微信公众号文章质量的数据。

与前文提到的象限分析法相比,跳出比例这个数据更聚焦于单篇文章,更能有针对性地看出文章整体的可读性,能看到用户是一气呵成地读下来,还是看了一半就退出了。常读用户分析是对订阅号消息列表顶部"常读订阅号"横栏中经常浏览微信公众号的用户的分析。毫无疑问,这些用户是我们的核心用户,常读用户的比例越大,说明我们的微信公众号的质量越高。同时,我们可以根据常读用户的性别、年龄、地域分布等调整运营方向,制定合理的 KPI。

相信本节可以帮助企业解决在运营微信公众号时遇到的一些问题。只有用私域流量运营的视角来看待微信公众号,才能更好地实现有质量的用户增长。

6.1.2 流量成本核算、收益核算与行业适用度

随着以抖音为代表的短视频类 App 的兴起,经常有朋友问我,他的企业要不要运营一个抖音号呢?企业怎么才能在新媒体的浪潮中找到自己的位置?是随波

逐流，还是继续运营企业的微信公众号呢？对于这些问题，我认为新媒体在未来还会出现更多形态，但每个媒介的定位和特点都不相同。任何一个媒介传播是否适合该企业，都需要经过流量成本核算、收益核算、行业适用度来判断。

微信公众号采用的是一种中心化的信息传播机制，企业通过微信公众号将内容传达给用户，传播成本低，传播效率高。由于受到短视频等新型内容传播平台的影响，用户的注意力不断地被分流，使得微信公众号文章的打开率逐渐降低。

为了应对这种变化，一些非内容生产型的企业试图将运营重心转移到服务号上。根据 6.1.1 节介绍的订阅号和服务号的区别与特点，下面进一步探讨什么行业适合用微信公众号做私域流量运营。我认为只要企业存在与用户沟通的需求，就要最大化地利用微信公众号这个平台，特别是一些大中型企业。

微信公众号有以下作用。

1. 内容传递的作用

企业可以通过微信公众号迅速地向用户更新官方信息，与用户进行沟通互动，可以通过群发文字、图片、语音、视频等多元化的信息展示，使内容变得更生动、更有趣、更有利于营销活动的开展，同时拉近与用户间的距离，提升用户口碑，再加上这些内容是企业官方发布的内容，用户对此会有天然的信任。微信公众号可以在公共关系维护中作为重要通道，企业的微信公众号有很多插件可用于增强营销的互动性和趣味性，比如刮刮卡、大转盘等。这些内容和活动可以加深用户对企业的品牌认知度，使得企业的营销成本降低。

2. 微信公众号是用户沉淀的重要载体

因为用户的使用率高，所以企业选择将用户沉淀在微信公众号中，能够很好地实现有效触达，让用户通过内容了解企业。企业也可以通过微信公众号与粉丝一对一地互动，可以积累更多、更广的用户资源，使传播规模呈几何级数放大。

3. 微信公众号的扩展性和针对性都极强

微信公众号能够很好地满足企业对产品和服务的转化，同时有利于后期维护及反馈。企业在运营微信公众号时，可以在推送的消息及菜单栏中加入产品及服务的接口来直接转化用户，也可以很好地嫁接个人微信号、微信社群或直播入口等工具实现转化。与传统媒体广告相比，这种方式能在短期内获得最大的收益。针对性强指的是企业的微信公众号的粉丝几乎都是产品的消费者或潜在消费者。企业可以根据 6.1.1 节提到的用户属性把用户分类，再进行精准营销。比如，根据后台的用户地域，分组推送更匹配地域的产品；根据后台的用户年龄，匹配更受用户喜爱的排版风格等。

如果上述这些功能可以满足企业对内容和管理的需求，那么下面一起来计算一下企业运营微信公众号都有哪些流量成本、是否可以满足预算要求并达到预期效果。

（1）人员成本。人员成本主要包括微信公众号内容的输出、后台设置及用户管理维护等团队的人力成本。这取决于对内容撰写质量和数量的要求，一般建议企业的微信公众号每周发布两三篇原创文章。

（2）获客成本。各个行业的微信公众号的平均获客成本不同，每个企业对引流的投入都不同，金额可大可小。比如，宝马汽车一个月的广告投放费用少则几百万元，而很多中小型企业通常会选择先花小钱来尝试投放不同渠道的广告，如果效果好再加大投放费用。综合分析获取用户的投入产出比，会发现裂变的成本一般相对较低，这也是很多企业选择用裂变获取海量用户的原因。

（3）技术开发成本。比如，用微信实现交易或者嵌入小程序等工具，都需要一些技术支持。如果企业不要求绝对的私密性及定制化，那么可以选择一些成熟的第三方工具模板，虽然它们可实现的功能有限，但是相对便宜且实惠。

在分析了企业运营微信公众号的流量成本后，下面再来看一下企业运营微信公众号可能获得的收益：一是直接销售收入。企业可以通过订单后台的统计数据计算出直接销售收入。二是间接销售收入。企业可以通过随机抽样的方式，评估微信公众号对已购买产品的用户的影响及再传播情况，评估是否直接或间接促成了更多交易。

在明确了流量成本和收益后，我们还要参考第4章介绍的RFM模型进行核算。如图6-4所示，我们将最近一次消费时间R、消费频率F和消费金额M纳入统计，将微信公众号作为唯一的用户来源，进行单独核算。在核算当前收益情况的同时，我们也要对未来的收益情况进行推算。如果用户来源可以更详尽，可以分渠道收集统计，就可以看到各个渠道的用户的流量成本和收益情况。关于这个部分的详细介绍，你可以回看一下第4章的内容。

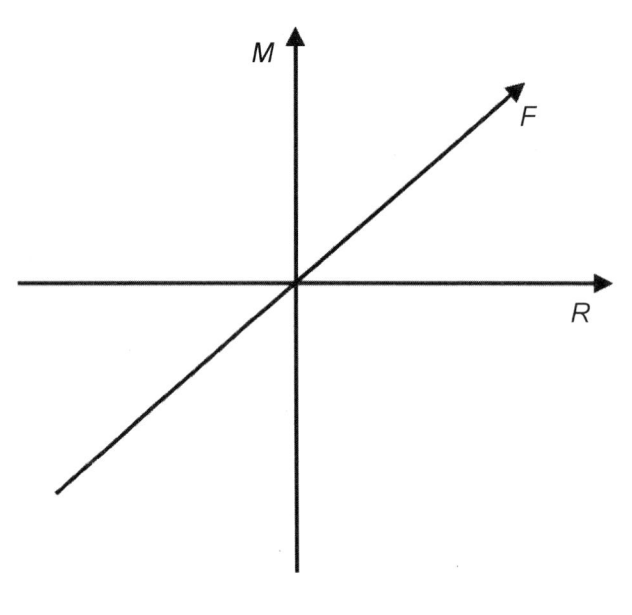

图 6-4

企业对微信公众号的流量成本和收益的分析，一方面是验证企业是否有运营微信公众号的必要性，另一方面是对微信公众号的运营情况进行复盘核算，只有做好数据化运营才能对活动进行优化。建议线下传统企业将这种数据思维应用在企业用户增长的考核中。

哪些企业更适合运营微信公众号？有人说，"因为有了私域流量运营的存在，所有 to C 的生意都适合重新做一遍。"那么 to C 企业的产品都有哪些呢？我把 to C 企业的产品做了一下简单的分类。①按产品属性分类，to C 企业的产品可以分成实体产品、虚拟产品和服务两大类。实体产品包括快速消费品、耐用消费品等；虚拟产品和服务包括纯内容创作（文字、IP 及影视等）、游戏、金融服务等非实体产品。②按产品的购买方式分类，to C 企业的产品又可以分为线上购买的产品和线下购买的产品。线上购买的产品包含诸多实体产品、虚拟产品和服务等，成交均靠线上综合交易平台，如各类电商平台、生活类服务平台等；线下购买的产品也包含实体产品、虚拟产品和服务等，但成交均靠线下综合交易平台，如各大线下商场、超市等。

产品属性和购买方式有交叉性，但我认为 to C 企业都很适合通过微信公众号运营实现私域流量的沉淀和增长。

6.2　如何搭建以微信公众号为载体的私域流量池

在详细了解了微信公众号后，如果你觉得微信公众号比较适合自己的企业来沉淀用户，那么应当如何做呢？在本节中，我们一起来看看如何搭建以微信公众号为载体的私域流量池。

6.2.1 团队的人员配置、团队目标、私域流量运营的流程设计

1. 团队的人员配置

我建议一个企业的微信公众号运营团队需要有团队负责人、内容编辑、活动策划等岗位。团队负责人可以由企业的私域流量运营负责人兼任，内容编辑主要负责根据目标定期输出微信公众号内容，活动策划则主要负责微信公众号的拉新、裂变活动设计、执行及优化。如果涉及转化及用户留存，那么可以设置专门的岗位，也可以由销售部或客服部同事配合。

2. 团队目标

团队目标，即企业的微信公众号运营团队应该完成哪些目标。微信公众号运营团队应该设立人员考核目标，具体可参考微信公众号的有效新增用户数量、获取有效用户的成本、成交产品的单价和转化目标等。在设置了这些目标后，微信公众号运营团队应该尽可能地将这些目标量化，同时根据反馈的数据不断地调整内容、活动方向和转化策略。

3. 私域流量运营的流程设计

关于私域流量运营的流程，即引流—裂变—留存—转化，在第 3 章中进行过详细介绍，下面补充几个与微信公众号运营密切相关的注意事项。

（1）闭环营销。在私域流量运营的流程设计中，我首先要强调闭环营销，这也是私域流量运营的核心，即转化路径要完整，裂变来的用户要再次回归和沉淀到微信公众号内。此处不再重复讲述。

（2）精细化运营。在私域流量运营的流程设计中，除了有完整的闭环营销，还要基于微信公众号打造企业的数据中心，以完成精细化运营，实现用户终身价

第 6 章 如何用微信公众号做私域流量池的载体

值的打造。这也是很多企业用微信公众号打造私域流量池的常见方法。这需要与技术软件结合，将流量私域化。

什么是流量私域化？

如果你还对图 1-2 有印象，那么应该大致了解了私域流量运营的路径。我们可以简单地将流量私域化过程分为以下几个部分：

① 在公域流量池中采集流量。我们要选择适合进行私域流量转化的渠道完成流量的采集。比如，常见的信息流广告，是大部分企业会选择的一种方式。线上广告商的基于位置的服务（Location Based Services，LBS）可以很好地实现在公域流量池中采集流量。

② 流量的私域化沉淀。我们要将流量沉淀在微信公众号、微信社群、个人微信号等私域流量池中，实现流量的承接和留存。

③ 转化和私域化完成。我们要实现企业的产品转化，并实现用户裂变，形成私域流量运营闭环。

简单来说，流量私域化是公域流量转化成私域流量的过程。

企业怎么实现流量私域化呢？这里又分为线上和线下两个场景，这两个场景虽然有所区别，但是殊途同归。

在一般情况下，线上企业往往需要通过投放线上广告，或者通过对成交用户适当引导的方式来实现流量私域化。

线下企业更偏向于线下场景的应用，一般通过线上 LBS 定向广告的方式来实现流量私域化。该方法主要利用各种类型的定位技术来定位设备当前所在的位置，再通过移动互联网向定位设备提供周边的信息资讯。LBS 融合了移动通信、互联网络、空间定位、位置信息、大数据等多种信息技术，利用移动互联网络服务平台进行数据更新和交互，使用户可以通过空间定位来获取相应的服务。

以微信公众号为例，在用户通过各种不同的渠道进入微信公众号，并被聚拢在微信公众号后，企业后续的所有营销动作（包括用户的促活、转化、裂变等）才能有的放矢，否则无处发力。只有微信公众号先聚集了流量，企业才能进行后续的多端口整合，打造统一入口的线上客服平台。客服人员不用来回切换不同的后台，就能为通过微信公众号咨询的用户提供服务，增进感情，培养亲密度和信任感。有了沟通，就能精准地勾勒出用户画像，深度洞察用户需求。

根据西方经济学理论所述，消费需求是指消费者具有货币支付能力的实际需要，具体包括两个方面的内容：一是消费者的实际需要，二是消费者愿意支付并有能力支付的货币数量，即购买意愿与购买能力。

因此，用户的购买意愿与购买能力是企业必须掌握的数据，否则一切运营都是盲目的。微信公众号的客服人员使用一些分析工具就可以实现对用户的分组，用户一旦进入微信公众号这一私域流量池，客服人员就能自动获取用户头像、昵称、性别、地理位置等初始画像资料，在随后与用户的深入沟通中，再逐步完善用户标签，就可以搭建完整、立体的用户画像。这些数据为精细化运营打下了坚实的基础，客服人员在对用户进行多维度数据研判后，精准、深入地挖掘了用户需求，就能推送与其匹配的高阶产品。

（3）高效裂变。在私域流量池的流程设计中，除了有完整的闭环营销和精细化运营，我们还要应用微信公众号实现高频触达、促活、唤醒、转化等，信任是用户付费的前提。从用户入池到最终成交，都离不开高频触达、高效沟通和精细化服务，用户促活、唤醒和转化都在微信公众号中实现，形成了流量闭环营销。用户成交只是第一步，接下来要进行用户深度运营，强化关系，继续扩大私域流

第 6 章　如何用微信公众号做私域流量池的载体

量池。毕竟，拉新终有穷尽之日，裂变方可层出不穷。

裂变是给微信公众号流量池扩容的最佳途径。裂变效果要建立在老用户的关系维护和运营上，只有深度运营，强化关系，在做裂变活动的时候，老用户才会愿意为企业免费宣传，为企业拉新助力。同时，企业在洞悉了用户心理后，如果裂变活动的内容和"诱饵"与用户喜好高度匹配，那么活动效果通常会超乎想象。

（4）多场景转化。在私域流量运营的流程设计中，有了完整的闭环营销，做好了精细化运营和高效裂变，最后就要做多场景转化了。微信公众号中的转化离不开与线上商城的结合。只要多做了这一步，用户的购买就不需要页面的二次跳转，可以避免用户流失。有了线上商城，企业不论是做优惠活动还是发布新品预售消息，都可以在微信公众号推文中嵌入自己的店铺小程序码。用户看了文章，就可以直接点击小程序购买。这样的转化效果要比用第三方购买链接跳转好得多，而且有了微信公众号文章的宣传，粉丝黏性也会更高。

微信公众号与线上小程序的结合增加了一个用"小程序跳转"的方式搭建流量矩阵的新思路。因为商家的服务类目、店铺经营规模等存在差异，所以单一服务类型的小程序并不能满足所有商家多样化的需求。因此，商家可以通过"小程序跳转"功能来解决这个问题，丰富服务场景，实现多个小程序相互引流。

图 6-5 为麦当劳在不同场景中的小程序，用相互关联跳转来丰富自己的功能，由于小程序跳转不受开发者限制，所以多个账号可以相互关联。这样，小程序流量矩阵就形成了。有了小程序跳转，用户可以始终处在我们的流量池中，很好地避免了用户流失。

图 6-5

　　流量池是企业营收的基础。所以，企业才想了这么多办法来维护自己的用户，只要有了自己稳定的流量池，变现就会容易得多。

6.2.2　微信公众号的内容图谱

　　世界著名的创业投资基金经纬创投，曾在社交媒体上提出，现在的创业公司最需要重视的三件事分别是企业运营、稳健的现金流和新媒体。新媒体承载着品牌宣传及价值观的传递。我十分认同经纬创投的观点，微信公众号作为一个品牌宣传和价值观传递的重要工具，理应得到重视。在此基础上，微信公众号也直接承载了产品转化和销售的作用。企业的微信公众号是与用户沟通的平台，应该如何充分挖掘用户价值呢？我认为有三个法宝：好的承接产品、好的内容体系和超值服务。

1. 好的承接产品

私域流量运营因其特有的属性，并不适合全品类产品的转化。所以，好的承接产品是第一位的。

2. 好的内容体系

在当下这个信息"爆炸"的时代，用户对内容是十分敏感的。要抓住用户的注意力，必须靠优质的内容。

3. 超值服务

超值服务是一种用户体验，是后续转化的策略之一。让用户先感受到我们的超值服务，就给了用户超值的感觉。

下面重点来说一下微信公众号的内容。

你一定有喜欢的微信公众号。在众多或者同类的微信公众号中，那些能吸引你并让你关注的微信公众号的内容一定是相对优质的。据了解，有些微信公众号文章的打开率高达30%，也有一些小于3%。同样的数据相差了十倍，可见用户对待不同品质的内容有明显的差别。

好的内容可以有效地吸引用户。同样是做私域流量运营的企业，有些企业能够取得不错的效果，而有些企业却说私域流量运营没有用，内容是其中一个重要变量。所以，内容也是私域流量运营的一大法宝。

我们可以将企业分为内容生产型企业和产品型企业两类。内容生产型企业主要负责产出企业的目标用户感兴趣的内容，这类内容的深度更深、范围更大，这类企业更适合选择微信订阅号；产品型企业虽然也需要通过内容触达用户，但是内容主要服务于产品、企业价值观和品牌宣传，最终作用到企业的产品销售上，这类企业更适合选择微信服务号。那我们该如何策划产品型企业的服务号内容呢？

（1）明确内容对象。也就是这个内容要给谁看？他们是什么样的人？根据6.1.1节介绍的用户分层，我们不难掌握用户的偏好。找到同类型的微信公众号，对其内容做深入研究，通过分析这些企业的微信公众号分别是如何做内容规划的，又分别达到了怎样的效果，相信你就能避开一些效果不好的内容选题，更好地着手建立适合自己企业的内容库。

（2）建立内容库。微信公众号的内容与社群的内容不同，不局限于短文案和社交性的语言风格，要展示有逻辑的文章和精致的排版，有时可能还要用一些有调性的视频来展示产品信息，这就对专业性、文案水平和内容策划的能力有了一定的要求。

微信公众号的选题一般可以分为两类：一类是常规选题，即一些提前规划好的日常性内容，企业要结合自身的产品特性、品牌理念、想要传递的价值观等进行内容规划；另一类是热点选题，热点选题又分为可预测选题（比如，节日、高考等）和不可预测选题，新媒体运营人员最怕的就是不可预测的热点，只能根据热点的具体情况，临时性地整理素材输出观点。

（3）内容技巧。做企业的微信公众号的内容有什么技巧呢？首先，因为企业的微信公众号的内容大多数中规中矩，有很多条条框框的要求，不论是内容还是文风，能接受的趣味性都有限。在这样的情况下，可以试着做一个"标题党"，来提高文章的打开率。用户会不会打开一篇文章，通常取决于他看到标题的那0.3秒。一个好的标题，是可以激发阅读冲动的。

其次，要巧妙地利用用户的喜好，提供用户喜欢看的内容。即使是一篇讲述产品性能的文章，也可以找到一个用户感兴趣的角度。

惯用的手段还有蹭热点。在新媒体圈中有一个观点，"没有蹭不上的热点，就看你有没有能力将其为己所用。"即使比较冷门的行业，蹭热点也是十分可行的。

再次，要多提供一些干货类内容，以便用户在阅读后收藏、分享和学习，要让用户明确知道看了这篇文章是有好处的，比如提供一些生活小技巧、办公用的小工具等有价值的干货。

一旦找到了这类用户的痛点，让他们感到有价值或者对文中的内容感同身受，他们一般都会收藏并分享我们的文章。

最后，内容排版要精致、漂亮，这同样会让用户赏心悦目，对内容本身会有加分，排版也能体现出账号及品牌的整体调性。

（4）引导关注。引导关注的做法在一篇文章的开头或结尾处通常比较常见，但我更建议在文章底部引导关注，在开头就引导关注的效果不好。用户在看完文章后，只有对文章感兴趣，我们才可能形成有效引导，这是基本的引导逻辑。

（5）促使转发和分享。用户愿意转发的内容一定带有他认同的标签。比如，转发代表他善良有爱心，或者代表他在某个方面很成功。你可以试着在文章中带上这样的标签，这会促使用户转发和分享。

6.3 这样做活动，粉丝7天增加了50 000个

与添加一个人为微信好友相比，用户关注一个微信公众号的安全性更高，再加上微信公众号推送的内容频率不高，对用户不会造成骚扰，用户对关注一个微信公众号的接受度和包容性都很大。所以，微信公众号很容易沉淀较多用户。

一般来讲，微信公众号的用户获取途径主要是广告投放和用户裂变。其中，通过用户裂变来实现大量用户增长的企业不在少数。用户量是转化的基础，企业可以在短期内获取到大量用户，享受红利。

怎么做才能低成本、快速地获取用户呢？我们做了以下活动，使粉丝7天增加了50 000个，单个粉丝的获取成本仅为0.68元。

图6-6是在做某一次裂变活动时后台某一天的用户增长数据详情，在当天就新增了15 838个用户。这是我们为一个母婴类微信公众号做的"涨粉"活动，客户的需求是低成本、快速实现用户增长。我们制定了粉丝7天增加50 000个的KPI，用裂变活动的方式达到这个目标。

图 6-6

在裂变活动正式开始前，我们先启动了一个测试活动预判活动的效果，并根据测试活动中用户的参与度和偏好，对活动进行了调整，然后再次测试。这个过程类似于投放广告时的 A/B 测试，不过我们需要调整的参数有活动的实物奖励、邀请人数、海报和推广渠道等。通过不断地观察活动数据，我们及时更新调整，找到了最合理的搭配。

图 6-7 是我们执行裂变活动的一个典型案例。每个用户邀请 19 个人来助力，即可免费获得一斤紫皮糖。1 级用户不到 200 人，活动共裂变 14 级。活动在 14 点开始宣传，18 点自动结束，4 小时共裂变了 18 183 个用户参与活动，单个用户的获取成本为 0.68 元。宣传渠道是以宝妈为主要群体的微信社群及 KOC 的微信朋友圈。

通过这个案例和数据结果，我们可以得出哪些有价值的结论呢？

1. 选品方面

对于母婴类的用户来说，我们选择生活用品和儿童用品的效果通常都不错。

2. 活动设置

活动设置其实是对用户心理的把控，我们在活动海报上重点注明了"此活动可以叠加四份"，深耕了用户占便宜的心理，从而扩大了裂变的效果。

3. 活动复盘

活动数据是用户行为的映射。每一个新活动其实都是对上一个活动的复盘和更新。活动做得越来越多，数据就会越精准、越有价值。在活动开始前先测试也是同样的道理，测试的数据直接指导了我们在活动中的操作行为。例如，我们在一周时间内共做了 9 场裂变活动，虽然核心逻辑没变，但是每次的选品和任务门槛都不一样,我们可以用这些变量来求证不同活动的裂变效果,再通过数据来指导下一次活动。

图 6-7

4. 传播渠道

传播渠道的人群能否达到我们预想的精细化标准，是判断渠道是否优质的一个标准。"诚详福利社"是一个福利性质的微信公众号，沉淀了 50 000 多个精准的宝妈用户。我们通过福利群与用户建立强联系，这个福利群就是传播的最优渠道。所以，我们要找到适合企业的自有渠道，再进行精细化运营和维护。

在营销圈中有句名言，网络营销业的基本观念之一是复制或仿效——反复做一件非常成功的事情即可。活动形式不在于多，发掘了价值，反复做就可以了。当然，在未来的裂变道路上，我们还需要摸索、总结经验，这样才能快速成长，适应更多新事物、新形态的媒介出现。

本章小结

（1）企业的微信公众号要服务于有质量的用户增长。

（2）与订阅号相比，服务号更适合非内容生产型企业用作私域流量池来沉淀用户。

（3）微信公众号可以实现一些用户交互功能，满足企业多元化的需求。

（4）不论是活动流程设置，还是用户体验，只要少一步跳转，就会少一些用户流失。

（5）微信公众号的内容和引导，越贴合消费者的行为动向，效果越好。

（6）如果专注于数据监测，你就会发现可以把微信公众号的内容和活动运营得更好。

（7）如果你的企业需要嵌入客服及小程序商城，那么建议用微信公众号来沉淀用户。

（8）微信公众号对内容的要求在三者（个人微信号、微信社群、微信公众号）中是最高的。

（9）只要你善于发掘，就能找到低成本、快速获取用户的方法，如果你很幸运地找到了，那么一直反复做这件事吧。

第7章

线下企业的私域流量运营

本书在开篇介绍了企业在实际经营中遇到的一些问题，也指出了企业可以通过私域流量池的搭建来增强自身的竞争力。本章将拆解一下线下企业关于私域流量运营的案例。很多具有典型代表性的商超、快消品、餐饮等行业已经在搭建自己的私域流量池了，本章将集中讨论一家线下企业应该如何设计并优化自己的私域流量池。

一家传统的线下企业通常靠什么吸引用户呢？

（1）一般会选择依靠商圈或者临街开实体店铺。

（2）将实体店铺的商品陈列做到最优，橱窗中精美的商品会给店铺加分不少。

（3）设计一张好看、吸引眼球的活动海报。

（4）策划好的买赠促销活动。

一家传统的线下企业吸引用户，完善实体店铺运营的方法通常是这些。在互联网还不普及的时候，这些方法确实很奏效。

但线下企业欠缺线上营销能力，只有少部分连锁实体店铺及有营销经验的老板才会真正重视线上营销。大部分私营企业尤其是三四线城市的实体店铺很少做这部分工作。面对线上互联网发展成熟的今天，线下企业受到了线上发展的很大影响，很多商场及实体店铺的销售额近两年都有明显下降。这说明即使是运营体系完善的实体店铺，单靠线下的营销推广也已经不够了。

7.1 实体店铺难道要关掉吗

随着互联网的发展，私域流量运营更受线下企业主追捧，甚至将其当成救命稻草。好像企业就必须要转型做线上业务才行，线下业务应该被放弃吗？这些实体店铺就毫无用处了吗？

不，实体店铺才是流量金库。

随着电子商务发展的成熟，人们越来越习惯并依赖于线上购物。线上购物的迅猛发展确实对线下行业造成了不小的影响，但随着线上流量成本日渐攀升，大家的目光似乎又投向了另一个流量金库，也就是实体店铺。流量是一个实体店铺的命脉，如果我们把实体店铺比作一个人，流量就像人的血液。

如图 7-1 所示，我们通常把实体店铺的流量分成两类。一类是老客，俗称回头客。这是一种靠产品或服务，需要长时间培养和吸引，最终留下来的持续流量。所以，实体店铺的核心竞争力是持续给用户回购的动力。与老客相对应的另外一类则是新客，新客指的是新鲜的血液，新客从哪里来？常用的引流方法有地推引

第7章 线下企业的私域流量运营

流和广告引流，在第 3 章中有详细的说明。实体店铺的新客有一个经常被忽略的流量入口，也是天然的流量入口，那就是实体店铺本身。实体店铺的私域流量池引流，指的就是将这些线下流量吸引到线上，使其成为线上私域流量池的一部分。

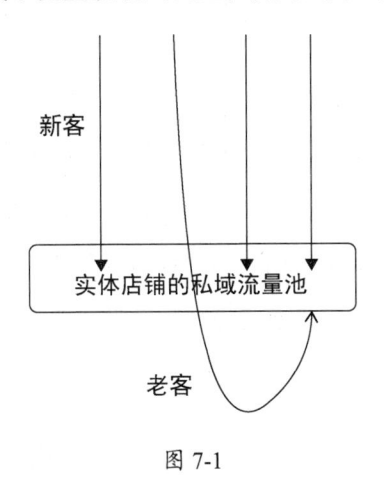

图 7-1

实体店铺的这个私域流量池入口掌握着 80%，甚至更多的用户。我们可以试想一下，每天有那么多的用户从我们的实体店铺门前经过，可能很多都是潜在用户，为什么他们不进来？为什么他们走进了同行的店铺？我们的店铺与同行的店铺相比，差距是什么？如何找到差距并弥补差距呢？我们将在本章中一起探讨线下场景的实战打法。

很多线下企业主问，互联网越来越受欢迎，是不是要把实体店铺都关掉呢？有很多企业都在尝试将实体店铺的流量聚集到线上，通过线上裂变活动来沉淀更多的用户，再将这些用户引流到实体店铺，往复进行正向循环。不论线上购物怎么发达便利，都代替不了女人逛商场的快感。

实体店铺是流量金库，是时候改变我们对实体店铺的认知了。

有一个很有意思的现象，五六年前，很多人的梦想是开一家实体店铺。这几年似乎很少有人有这个想法了，实体店铺的生意看起来不好做。线上不能一统江湖，线下也无法长期雄霸一方。

对于大部分 to C 的线下企业来说，实体店铺是极为重要的资源。用互联网的语言来说，实体店铺也是一个用户流量入口。一个好的流量入口能给企业带来巨大的收益。

近些年，随着店铺租金不断上涨和线上产业带来的影响，许多实体店铺都遭到了很大冲击。对于大部分线下企业来说，这种传统的实体店铺业务模式也是一种"流量模式"，线下企业支付的实体店铺费用和线上企业支付的"流量费"本质上是一样的。大部分企业很难通过提高自身的运营能力对冲成本上涨的压力。

与线上商城主要依靠用户主动搜索不同，大部分线下企业主要依靠随机客流。在近几年，线上企业通过短视频、直播带货等方式，逐步向线下企业所依赖的随机客流的方向拓展，这也成了线上电商增长的新引擎。与之相对应的是，线下企业应该主动增加更多稳定的客流。

对于大部分线下行业的从业者来说，迫切需要补足的是线上营销和线上客户关系管理能力，搭建在传统实体店铺营销基础之上的私域流量池。

在传统的线下企业的商业逻辑中，实体店铺几乎是企业和用户接触的全部空间，企业与用户之间的沟通和交流全在实体店铺之中，实体店铺的唯一核心目标是促使成交。对于一个布局私域流量池的线下企业来说，要先转变对实体店铺的这种认知，实体店铺除了原有的特性，还需要被视为一个线上流量的入口。我们需要将线下的客流，通过合理的方式，转移到线上的私域流量池中。相应地，实体店铺的部分职能（比如，客户沟通、产品转化、售前引导、活动发布、售后服务等）也会向线上做一定的转移。

实体店铺是私域流量池的稳定用户来源，我们需要针对企业的特点设计一套引流体系。

该体系需要满足以下要素：

（1）高效。需要有效地将实体店铺的客流引导到线上的私域流量池中。

（2）方便。容易操作，流程简单。

（3）不过度骚扰用户。引导用户参与的热情，不做强制要求。

一般来说，关于实体店铺引流可以参考第3章中关于引流的介绍。

7.2 线下企业的私域流量池搭建

7.2.1 线下企业的用户沉淀到哪里

一个线下企业的用户应该沉淀到哪里？是个人微信号、微信社群，还是微信公众号？

我们应该考虑以下几个方面的问题：

（1）企业对私域流量运营的需求及对需求的分级。

（2）应用不同渠道搭建私域流量池的流量成本。

（3）沉淀用户的工作效率与产出问题。

对于线下企业来说，这往往是一个组合问题。不同的企业在选择用户沉淀工具时，会不一样。我们将企业分为以下三类。

1. 小微企业

这类企业的数量很多，线下的小微企业主要集中在餐饮、零售等行业。这类企业缺乏线上营销人才和资金，需要门槛较低的用户沉淀方式，个人微信号和社群能解决绝大多数的问题，引流的入口主要在个人微信号，用户裂变将在个人微信号和社群中产生。这类企业可以通过私信、微信朋友圈和社群等裂变方式实现营销目的，如图7-2所示。

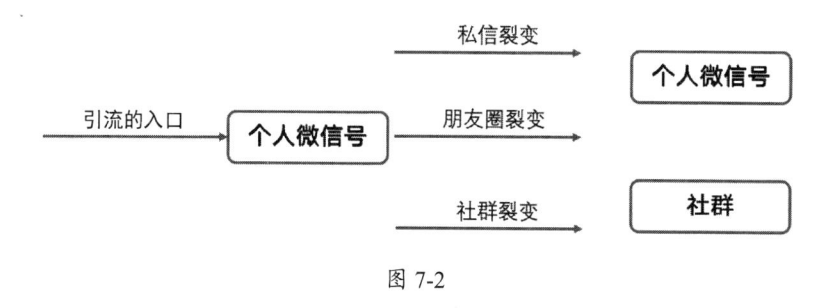

图 7-2

2. 中型企业

这类企业有很大的机会可以享受私域流量运营带来的红利。这类企业具备一定的营销人才和预算作为基础支持，可以选择个人微信号+微信社群+微信公众号的方式或者企业微信+微信公众号的方式来实现用户沉淀。

3. 大型企业

这类企业目前一般都在做私域流量运营方面的尝试。企业微信的各项功能逐步完善，在未来大型企业将越来越多地应用企业微信实现企业营销和客户关系管理数字化。

下面再来看用户从获取、裂变到运营和维护的路径。

（1）线下用户的获取。一个实体店铺每天的客流都是活生生的、精准的用户，所以一定要把他们留住。我们通常采用的方式是引导到店的用户添加客服人员为微信好友，在用户留存下来后，就可以为接下来的店内促销活动做准备了。

通过一些简单的引导或者送小礼物，到店的用户通常会添加客服人员为微信好友。我们要表达清楚用户在添加客服人员为微信好友后，能获得什么好处，千万不要忘了从用户角度思考。

（2）线上裂变。我们在实际为企业搭建私域流量池时发现，从 0 到 1 的过程还是很艰难的。在前期线下流量积累还不多的时候，我们应该怎么办呢？可以考虑裂变，简单来说，让已经添加客服人员为微信好友的用户去拉他的朋友和家人加入我们的社群，用一些代金券或小礼品作为裂变诱饵，这样就可以迅速扩大用户基数了。裂变得到的单个用户的获取成本不高。

（3）运营和维护。我们把用户邀请到社群中，要想长期更好地从用户身上获得价值，就需要运营和维护，常用的方式是向用户提供有价值的内容、商品促销活动、小红包，以及做抽奖活动，定期找一些话题带动大家聊天互动，让社群活跃起来。只有做好运营和维护，才会刺激用户到店消费。

7.2.2 线下企业引流的诱饵如何设置

常见的进店引流诱饵一般有店铺优惠券、到店领赠品、专享会员折扣价、会员积分及其他激励手段等。

1. 店铺优惠券

如果有人给了你一张某个店铺的优惠券，你会不会产生不用掉就亏了的想法呢？店铺通常在设置这种诱饵的同时，会附加几道使用门槛。比如，仅限 3 天内使用，这会给用户紧迫感；再比如，消费满 200 元以上，可使用一张面值为 20 元的优惠券等。优惠券的使用门槛要根据自己店铺商品的毛利测算好，要合理设置活动的优惠力度。

这类营销策略主要击中了用户的损失心理。要让用户觉得如果没有使用这 20 元优惠券就亏了。如果用户刚好离店铺不远，就会去看看。这样就引流成功了。发放优惠券的主要目的是完善补贴逻辑，以达到引流到店产生后续消费的目的。

2. 到店领赠品

只要你到了实体店铺就可以领一个小赠品。试想一下，恰逢年关，家家户户都计划采购春联和福字。这时，如果有人拿着一个很好看的福字跟你说，只要到店就可以免费领一个同款的福字，你会不会心动呢？本来过年要采购的商品，现在可以到店免费领，这就节省了一部分支出，大部分用户都会选择到店看看。这就是到店领赠品的策略。

如果在夏季，春联和福字对用户就没有吸引力了。所以，精准的诱饵要根据特定的时间周期来设置。

3. 专享会员折扣价

曾经有一个鲜花店的老板找到我们，因为快到情人节了，情人节也算得上鲜花店每年赢利的几个重大节日之一。首先，我们明确了鲜花店老板的痛点，在情人节期间因玫瑰需求量大导致了进货成本上涨，店内其他品类的花束因需求量小会呈现短暂的滞销，而大部分花束的生命周期都不会太长，其他类型的花束在短期内不销售就会枯萎，从而会产生亏损。

他需要我们协助解决情人节期间的实体店铺引流问题，以保证店内各类花束的销售。在这样的背景下，我们选择了专享会员折扣价的策略。首先，将商品进行了组合，分成了两类。一类是需求量大的玫瑰花束，主要卖给情侣；另一类是混搭的花束组合，主要卖给单身青年。于是，根据这两类特定人群，我们同步设置了两套话术：对于单身青年，我们就告诉他到店可以享受买单身贵族混搭花束的折扣；对于情侣，我们就告诉他们到店买玫瑰花束可以享受甜蜜情侣专属折扣。引流诱饵是根据不同人群的特性来设置的。

4. 会员积分

会员积分是很常见的，很多商家都有自己的积分商城。如果积分商城的兑换

第 7 章　线下企业的私域流量运营

规则设置得合理，那么它是一个引流和复购的好帮手。茶颜悦色是长沙本地知名的奶茶品牌，更是被全国奶茶爱好者所知的"网红"品牌。茶颜悦色的线上会员积点（这里的积点与积分是同一个概念）兑换就是一个引流和复购的利器。图 7-3 是会员积点数界面的截图。兑换规则是每 6 个积点可以兑换 12 元作品抵扣券，即积分可以当钱花，兑换后的作品抵扣券可以自己用也可以送朋友。这种兑换规则就是典型地从用户需要出发的，更受用户欢迎。

图 7-3

5. 其他激励手段

有一家专门卖糖果的实体店铺，它的目标用户是爱吃糖的小朋友和他们的家长。糖果店的引流方式是店家去店铺附近的儿童游乐场、小区运动场或者商场的宝宝游乐区等地，专门找带孩子出来玩的家长，给孩子发一颗糖果，孩子如果觉得好吃，就会及时向家长反馈。因为糖果的价格不贵，所以在这种情况下，家长基本上都会给孩子买两包。

这是应用了消费者的攀比心理。要注意的是，这里的活动场景是儿童游乐场、小区运动场或宝宝游乐区，所以就会有很多陪孩子出来玩的家长，店家给每个孩子都品尝了糖果，孩子们都说好吃，其中只要有一个家长先给孩子买一包，在这种情况下，不论是家长还是小朋友就都产生了攀比心理，对更多家长的购买行为有了促进作用。

下面还有一些不太建议使用的引流方式供你参考。

（1）在人流量集中的地方搭展台，摆放礼品和易拉宝，让用户在活动期间扫描二维码得到一份礼品。我们认为这种引流方式在前期的工作量比较大，不仅需要额外搭展台，设计并制作活动物料，而且过程会比较烦琐，流量成本相对较高，扫码地点也有一定的局限性。

（2）在街上派发宣传单页，在宣传单页上印着二维码。据了解，这种引流方式的效果是比较差的，派发宣传单页是一种非常传统且老套的方式，现在90%的年轻人都不愿意在街上接宣传单页。

（3）在地铁里用二维码卡片扫码引流。2015年前后，人们对在地铁里遇到的"创业的微商在地铁里请求扫码"的行为还很支持，但是由于做得人多了，人们开始反感和抵触。现在10个乘客中可能有8个都拒绝扫码。

（4）扫码免费用或免费领。不知道你在餐馆吃饭等座位的时候，是否注意到一些餐馆的门口会摆放免费打印照片的机器，只要扫描二维码关注微信公众号就可以免费打印照片。这种引流方式是2016年比较流行的一种，人们在餐馆等座位时通常会比较无聊，可能会被免费打印机吸引，但购买照片打印机的成本比较高，小微企业很难承担。随着营销手段的迭代和发展，这种引流效果开始减弱。2020年年初，在公共卫生间扫码免费领纸巾的营销又开始流行了。

（5）与快递公司合作，在包裹上粘贴个人微信号的二维码。我们对这种方式做过测试，贴500个二维码最多只能引流10~20个用户，用户的扫码率非常低。原因很简单，一般的收件人不会注意包裹上的二维码，即便看见也不愿意去扫码。

7.2.3　线下企业的补贴逻辑如何设置

下面看一下制定补贴逻辑的策略。引流的目的是到店，所以不论使用什么诱饵吸引用户到店，用户参与的难度一定不能太大，我们要让用户觉得店铺很近，并且只要到店就能轻易领到奖励。

在为线下机构搭建私域流量池的过程中，我们发现了一些很有趣的现象。下面根据我的实操经验，简单地做一下总结。

（1）对于同等价值的奖励来说，实物奖励的效果一般比虚拟奖励的效果好。

（2）及时性的奖励远比未来的奖励效果好。

（3）提前和店员沟通好用户到店后使用的引导策略，对引流转化率有至关重要的影响。

特别值得一提的是第三点，在服务一家线下连锁机构时，我们同时对该城市的10家实体店铺执行相同的引流方案，因为每位店员对用户到店后使用的引导策略不同，所以导致了在同样客流量的商圈下，转化效果有显著差距。比如，用户来到 A 店，想领参与活动的礼品，A 店的店员问用户要不要顺便买点东西，用户大概率会拒绝。对于他来说，他只是来领礼品的，如果产生了额外支出，就不划算了。在同样的活动中，用户来到 B 店领礼品，B 店的店员说："先耽误您两分钟，我给您介绍一下我们的店铺都有哪些好东西吧"，用户可能会碍于面子了解一下，因为进店只是来白领商家送的礼品的，在这个过程中店员充分地让用户对店铺有了基础的了解，对售卖的商品品类也清楚了。用户在逛店铺的过程中可能会额外关注一下打折的商品，这样就可能会产生购买行为。C 店是怎么做的呢？C 店预设了一个"幸运用户"的概念，将当天进店的第 8 位、第 18 位、第 28 位（依此类推）用户都算作幸运用户，这几位用户可以享受全场商品 8.8 折优惠。C 店将用户到店升级为一件充满仪式感的事情。当第 18 位用户走进 C 店时，店员说："恭喜，您是今天进到我们店铺的第 18 位用户，是幸运用户，可以享受全场商品 8.8 折的优惠，看看有没有需要的商品。"用户会觉得幸运降临，机会难得，不买点东西好像亏了一样，成交率就大了很多。同时，在用户结账的时候，C 店再额外赠送用户 8 张满 100 元减 8 元的优惠券，这样不仅收获了一次用户成交，还获得了一个长期用户。对比这三个店铺使用的策略，能否引发你的思考呢？

总之，实体店铺的引流成本相对较低。特别是对于一些线下连锁机构来说，将实体店铺的客流转化为自己的私域流量，很容易形成规模效应。

大部分线下企业都应该具备引流的能力并长期落地使用。所有进店的消费者都是潜在的裂变和转化对象，私域流量运营具有加法效应，只要设置合理的激励措施和引导策略，实体店铺的流量在转化为私域流量后，还能通过后续裂变提高实体店铺的客流，从而提高实体店铺的业绩，保证引流效果。

下面来看一下案例。

想必你购买过 9.9 元包邮的商品吧，商家拿出一款商品，不为挣钱，只为引

第 7 章　线下企业的私域流量运营

流，先尽量把用户吸引过来，增加人气。这种方式同样适用于线下。

我有一个开咖啡店的客户，采用咖啡加鲜花组合的方式引流。首先，在商品选择上，咖啡和鲜花都极具生活情调，男人喜欢，女人也不排斥。所以，店家用 9.9 元/束的鲜花作为引流工具，在用户结账的时候，告诉他只要多付 9.9 元就可以带走一束鲜花，对于来咖啡厅消费的用户来说，这是很有吸引力的。

对于买了鲜花的用户，再顺理成章地邀请他加入用户群。如果他加入用户群，就可以再免费获得一个花瓶。花瓶刚好和鲜花搭配到一起，用户自然也不会拒绝。

不购买鲜花的用户是不是就要流失了呢？这时，店员会告诉用户，只要加入用户群，就可以免费升级为 VIP 用户，在用户群内会不定期发送咖啡券或甜点券。这样会增加进群的用户对实体店铺的黏性，增加了复购的可能性。

线下企业一旦失去客流，在面对高额的租金成本和店铺招商等问题时，很容易在短时间内迅速倒闭。2020 年年初，很多线下商家不得不暂停营业，这直接导致了一些仅依靠实体店铺客流的商家倒闭。也有一些有成熟的线上商城的店铺，反而在这段闭店期间获利不少。我认为线下企业更需要通过高效的营销，调动更多用户到店体验的欲望来为实体店铺引流，同步搭建线上会员体系。营销也要讲究策略，只有结合时下消费者接受度高的玩法来做营销，引流才会有效。

西安环球辣妈是一家国际型母婴购物中心，面积达 800 平方米，在购物中心内拥有 25 个国家的近 1000 个国际母婴品牌。环球辣妈的引流妙招是使用抖音，环球辣妈在充分了解了抖音的用户属性后，合理地利用目标客群的碎片化时间，在抖音上推送趣味性、生活化十足的视频，同时软性植入实体店铺的店标、应用 LBS 技术定位实体店铺。其中，有一条短视频的点赞数达到 36.7 万次，评论量高达 3700 多条。通过趣味短视频的曝光，环球辣妈成为当地人必去的"网红"打卡点之一。

7.2.4 团队、目标、流程如何设计

一家线下企业应该如何设计私域流量池呢？可以总结为以下三个方面。

1. 团队

线下企业可以设立专门的岗位来搭建并运营私域流量池，其中私域流量运营人员除了要具备基本的内容撰写和活动策划的能力，还要善于做数据分析。小的实体店铺可以暂由售货员兼职做私域流量运营，前期不需要设置专门的岗位。

对于具体的人员分配，要看实体店铺的规模及实体店铺的位置。万达广场里较小的实体店铺一般有一两个人就可以了，负责用户引导服务及收银；如果实体店铺较大，来往的客流较多，那么需要更多的人，比如优衣库这类有楼上和楼下几层的店铺，就需要店长根据实际情况来调配人员及工作了。

2. 目标

要想增加私域流量池的用户量，线下企业就要制定详尽的 KPI，以带动产品动销转化率。线下企业可以根据实体店铺的情况，制定月目标或季度目标。据商务部监测，在 2020 年十一黄金周期间，全国零售和餐饮企业实现销售额约 1.4 万亿元，日均销售额比 2019 年十一黄金周期间增长 9.5%。从数据监测来看，全国消费市场保持平稳增长，人们日常生活的消费体制也在不断升级，实体店铺在商业发展中扮演着越来越重要的角色。

挖掘实体店铺商品的卖点是很重要的一门功课。要想让实体店铺的业绩更上一层楼，我们就需要在实体店铺内找到或创造一个能够吸引消费者目光的卖点，尤其在追求精致生活的趋势下，我们的店铺凭什么吸引消费者、凭什么让消费者记住、凭什么让老客户复购？也许我们的商品和别人的商品相比差别不大，如果我们想卖得比别人好，就要挖掘商品的内在特色，充分考虑消费者的心智，在商

品中注入情感和品质的元素，从而跟上消费升级的时代。

同时，节假日也是一个不错的营销时机，店铺需要利用好节假日营销。"酒香不怕巷子深"的时代已经过去了，在如今的高效率社会中，如果我们不懂得宣传，就算商品质量再好，消费者也不会知道。所以，在做营销活动时，我们一定要根据不同的节假日来制定具体的营销方案，比如某餐馆在端午节举办家长与小朋友包粽子活动，既能提高小朋友的动手能力，又可以增加他们与家长的互动。当然，该餐馆还提供了充值享优惠、会员积分兑换、买一送一、第二份半价等活动。利用节假日或热点做营销固然好，但要注意适合自身店铺的营销活动才最重要。

只有深刻地理解店铺的商品特性和目标人群需求，再将两者有机地结合起来，营销活动才能达到效果、口碑双丰收。

3. 流程

搭建私域流量池的流程与沉淀载体密切相关。主要的沉淀载体有个人微信号、微信社群和微信公众号，不同的沉淀载体对应不同的搭建流程，在第 4 章～第 6 章有详尽的介绍。

7.3 线下企业的私域流量运营案例拆解

7.3.1 线下商超和连锁实体店铺如何搭上私域流量运营的顺风车

在私域流量运营时代，线下商超和连锁实体店铺普遍面临转型的问题，如何有效地、规模化地将线下流量引导到线上，并进行日常的运营和转化？我们来看下面的案例。

天虹商场股份有限公司发源于深圳，是一家老牌的商超企业，旗下的天虹商场（以下简称天虹）在全国各地都有不少分店。作为一家传统的线下商超，天虹是如何成为全国实体零售数字化的领先者，树立了一个标杆的呢？

我们来分析一下天虹的私域流量运营策略。

天虹的私域流量池载体主要是微信公众号、企业微信和自有 App，且三者的定位和分工都极其明确。根据天虹披露的信息，截至 2019 年年底，天虹的数字化会员达 2355 万人，全年的线上营业额增长了 42%。可以预见，在未来，线上营业额还将大幅度上升。

天虹是如何选择和应用三大私域流量池载体的呢？微信公众号是天虹的重要的私域流量池载体，天虹将收集到的大部分用户沉淀在这里，用户可以在微信公众号上体验 App 的部分功能，微信公众号可以引导用户下载 App。同时，微信公众号也是天虹与用户实现交互的重要场景。

天虹自有 App 则是长期作为天虹数字化的"统领"存在，是天虹的会员中心、商品中心、营销中心、大数据中心和流量共享中心。

对企业微信的应用是天虹未来要大力拓展的方向，企业微信解决了天虹与用户之间直接沟通的难题。企业微信用户主要来自商场内各个店铺的导购员的引流，用户扫码添加导购员为企业微信好友后，就会成为商场和店铺的双料会员。这样就真正做到了将商场内的流量转化为天虹的私域流量。

商场是一个综合体，各个店铺的导购员是最了解用户需求的，这样就可以充分满足不同用户的不同需求。

根据天虹公开的商城内店铺数据来看，内衣品牌兰卓丽在与天虹开始了数字化合作后，在 2019 年第一季度销售额就增长了 39%，线上销售额同比增长 43%，复购率也达到了惊人的 40%。这一数据也证明了天虹私域流量运营模式的可行性。

国内的大型商超也可以参考并学习天虹的模式，打造自有 App、企业微信和微信公众号三位一体的私域流量池。

除了商超，连锁实体店铺是如何做私域流量运营的呢？我们来具体看一下。

1. 需求与痛点

很多线下企业觉得没必要做私域流量运营，这是因为它们没有意识到自身的需求和痛点。首先，实体店铺的店员没有对私域流量池搭建的认知。其次，几乎没有尝试过将线下流量转到线上，店员需要时间认识和理解，并从 0 到 1 搭建私域流量池，店员会觉得这是比较难做的事。最后，线上运营 SOP 没有任何参考体系，企业不知道自己应该怎么做，也不知道别人的玩法对自己是否可行。

要想解决上述问题，可以从认知层、落地层、内容层和工具层来分析。

（1）认知层。我们要让企业和店员觉得这件事是有意义的，并且做这件事是可以获利的，也可以举例说明某些做私域流量运营的先行企业已经取得了怎样的收获，从而调动大家做这件事的热情和积极性。我们也可以请一些第三方机构来做私域流量运营的讲解和培训，让大家通过学习其他企业的案例来形成初步的认识。

（2）落地层。基于实体店铺的现状及运营重心，我们要搭建完整的线上流量运营和变现流程。

（3）内容层。我们要搭建企业产品相关的内容矩阵，丰富运营场景。前文提到过，私域流量运营需要丰富多样的内容做支撑。

（4）工具层。我们要找到适合自己企业自动化执行的微信工具。

2. 运营前的准备

在明确了企业自身的需求和痛点后，我们要做私域流量运营前的准备工作。

（1）前期准备。在私域流量运营开始前，我们需要准备一些硬件设备和个人微信号等。比如，我们可以先用5～10家实体店铺做简单的测试，使用真实的手机号、真实的身份信息注册5～10个个人微信号，将其分配给实体店铺进行初期的测试，我们通常采取一机一号的方式，真实地使用并活跃每个账号。

（2）形象包装和"人设"打造。我们要进行个人微信号的形象包装和"人设"打造。我们要将这几个账号统一形象，一般不建议取网名，要用真实的姓名给账号命名，如某某实体店铺王店长，并放置具有生活气息的个人照。在设置好微信ID后，我们要先添加一些店员和自己的亲朋好友为联系人，每天使用该账号与好友发消息互动，同时不要忽视对微信朋友圈的运营。微信朋友圈也是让用户了解店铺和个人的重要内容阵地，可以介绍产品、发起活动以达到用户激活的目的，但如果微信号很多、发布内容频繁，我们就需要提前输出、规划统一的内容和图片，发给各位店长，或借助第三方工具来实现多个账号同步发布朋友圈消息。关于形象包装和"人设"打造的部分，可以参考第4章的相关内容。

（3）搭建流量池。在做好内容规划后，就要进行线下触点激励，引导用户添加我们为微信好友，初步搭建流量池。我们可以在店铺内显眼的位置放置个人微信号的二维码及相关海报，并告知用户在添加微信好友后可以获得的奖励。可以参考7.2.2节选取合适的奖励，也可以在现场摆放实物，直接引导用户添加我们为微信好友，比如赠送纪念品或者油、盐、醋等生活用品。通过引导，我们可以快速地添加用户为微信好友。

（4）用户运营。在添加了微信好友之后，我们要保证完备的用户体验。我们要对添加为微信好友的用户进行激活，并配以欢迎语。通过这一步，我们既可以

第7章 线下企业的私域流量运营

与用户进行初步的交流问候，也可以在第一时间发送活动信息或者优惠券，引导用户进入下一步的裂变环节。

同时，我们在与用户交谈时，可以通过一些关键词自动完成贴标签，将用户分层，更好地获取用户画像。在得到了用户后，我们要开始对用户进行日常的线上运营，并对用户进行激活和变现。

在用户转化之前，我们要先搭建好常见的问题库。客服人员在运营过程中，经常会面对用户常见且重复的问题，比如价格、产品特点、售后服务等。针对这些经常被问到的重复问题，我们需要打造一个常见的问题库，并将固定话术置入客服系统中，提高客服人员的回复速度和质量。想必在与淘宝卖家沟通的过程中，你一定被自动回复过吧。

（5）活动运营。日常的活动运营应该怎么做？下面分享两个具体的例子。

比如，我们每天上午10点都在群里发一元钱的红包，给抢到手气最佳的用户赠送一款商品，但必须让用户到店自提，从而提高店铺在用户心里的存在感。重复做简单的事情，就会在用户的心里烙下印记。经过长期测试，我们发现很多用户真的每天定闹钟抢红包。

再比如，我们每天晚上8点会在微信群中做秒杀活动。这个活动的目的主要是让一些只在微信群里但没有添加店长为微信好友的用户添加店长为微信好友，这样这些用户就不会错过店长微信朋友圈的营销了。在微信群做秒杀活动，可以很巧妙地把用户引导到个人微信号。我们做的所有的营销动作，都要不留痕迹地让用户跟着我们的节奏走。比如，晚上8点第8个点赞的用户，可以半价购买指定商品，这个活动会让用户不屏蔽我们账号的微信朋友圈消息。

通过私域流量池的搭建和运营，我们不仅能有效地将线下流量引导到线上，还能结合一些营销技巧、SOP 和产品场景，通过线上的运营活动不断地触达和激活用户，促使成交，提高用户满意度，最终形成一个可以不断变现的私域流量池，这是私域流量运营的完美形态。

如果你是商超或连锁实体店铺的老板，那么可以参考一下本节的内容。

7.3.2　线下餐饮店如何利用私域流量运营实现突围

我们再来看一下线下行业的典型代表——餐饮行业是如何应用私域流量运营的。

连锁火锅店的王总找到我们团队。王总在河北开了 10 家连锁火锅店，每家店的面积都将近 1000 平方米，装修得非常大气。据王总说，每家店的装修费用大概为 100 万元。火锅的味道很不错，但就是生意一直不好。就这一点，王总向我咨询解决方案。

我们可以找到以下思路：我们先找到一个强需求的刚需产品，它与我们的产品有关联，继而可以和我们的产品绑定在一起。然后，我们把它的流量引过来一部分。但不是所有的刚需产品都可以被绑定，要找到适合火锅店用户的不太容易。

在王总的火锅店做了一周调研，我发现来店里吃火锅的人，90%以上都开车。开车就要加油，而汽油对于开车的人来说就是生活必需品。

于是，我们找到当地的加油站，应用了品牌联合的营销方式，达成了合作。用户在加油站买一张 1000 元的加油卡，会得到一张 1000 元的火锅店消费卡。这虽然借用了加油站的流量，但是效果并没有我们预想得好。

下面继续调整方案。当地人在吃火锅时几乎都会点白酒。我们运用了商业策略中的置换思维。调整后的活动方案如图 7-4 所示。

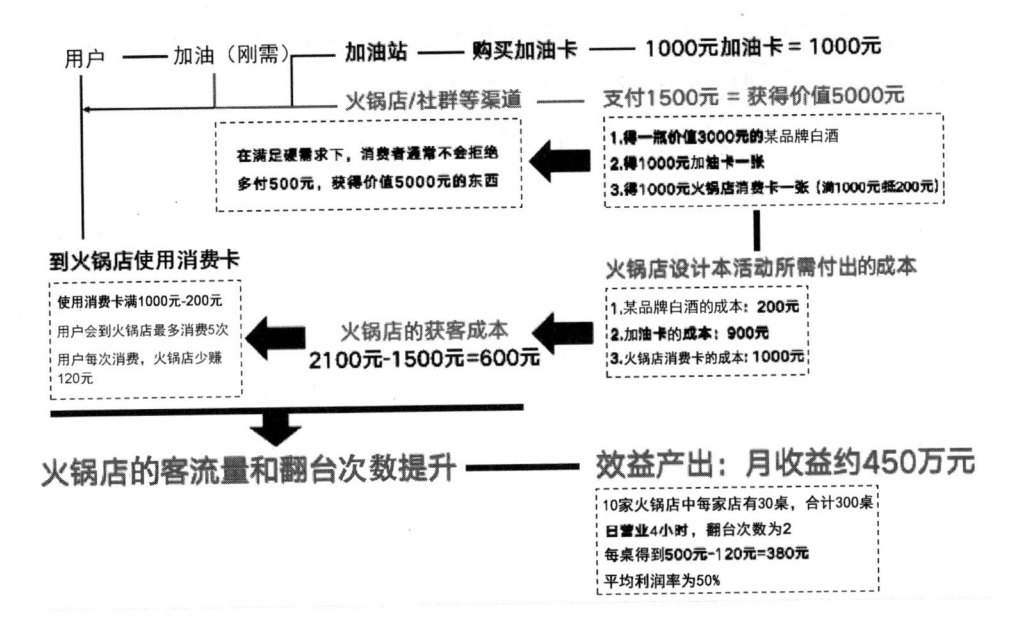

```
用户 ─── 加油（刚需）─── 加油站 ─── 购买加油卡 ─── 1000元加油卡=1000元
                         火锅店/社群等渠道      支付1500元 = 获得价值5000元
                  ┌─────────────────────┐    ┌──────────────────────────────┐
                  │ 在满足硬需求下，消费者通常不会拒绝 │◄── │ 1.得一瓶价值3000元的某品牌白酒      │
                  │ 多付500元，获得价值5000元的东西   │    │ 2.得1000元加油卡一张              │
                  └─────────────────────┘    │ 3.得1000元火锅店消费卡一张（满1000元抵200元）│
                                              └──────────────────────────────┘
                                                          │
到火锅店使用消费卡                                          ▼
┌─────────────────┐                              火锅店设计本活动所需付出的成本
│ 使用消费卡满1000元-200元 │◄──  火锅店的获客成本  ◄──  ┌──────────────────┐
│ 用户会到火锅店最多消费5次 │     2100元-1500元=600元     │ 1.某品牌白酒的成本：200元 │
│ 用户每次消费，火锅店少赚 │                              │ 2.加油卡的成本：900元    │
│ 120元                │                              │ 3.火锅店消费卡的成本：1000元│
└─────────────────┘                              └──────────────────┘
         │
         ▼
火锅店的客流量和翻台次数提升 ─────── 效益产出：月收益约450万元
                                    ┌──────────────────────────┐
                                    │ 10家火锅店中每家店有30桌，合计300桌 │
                                    │ 日营业4小时，翻台次数为2            │
                                    │ 每桌得到500元-120元=380元          │
                                    │ 平均利润率为50%                   │
                                    └──────────────────────────┘
```

图 7-4

价值 3000 元的某品牌白酒，现在只要 1500 元，还送价值 1000 元的加油卡和 1000 元的火锅店消费卡（每次消费最多抵扣 200 元）。也就是说，用户花 1500 元，就能得到价值 5000 元的东西，而且每样都是硬通货。

在这样的组合下，火锅店怎么赚钱？我们来算一下，一张加油卡的成本是 900 元，白酒的成本是 200 元，火锅店消费卡为 1000 元，共计 2100 元，先减去这套组合商品收取用户的 1500 元，那么送出去一张火锅店消费卡的成本是 600 元，即一名用户的获取成本是 600 元。

火锅店通过这种包装，花费 600 元获得了一个用户至少到店消费 5 次的机会。将这 600 元的成本分摊到用户 5 次到店上来算，用户每次到店，火锅店都先付出了 120 元。

假如今天来店消费的用户，都是通过这种营销方式获得的，也就是火锅店为每位用户都付出了 120 元的成本。我们来算一算火锅店的营收情况。按火锅店的平均利润率为 50%计算，王总一共有 10 家火锅店，每家火锅店有 30 张桌子，共计 300 张桌子。火锅店营业的黄金时段在晚上 7 点半至 11 点半，按每天 4 小时计算，每桌用户的用餐时间约为 2 小时。每张桌子每晚只供两批用户就餐，每桌用户消费 500 元，减去火锅店先付出的 120 元成本，火锅店得到 380 元。一张桌子的流水至少有 1000 元，300 张桌子的流水就是 30 万元，按每日 15 万元的利润来算（假设一个月为 30 天），10 家火锅店一个月至少赢利 450 万元。

另外，火锅店规定了每次最多只能抵扣 200 元，也就是为了让用户不要一次消费完，要让活动成本分摊到每一次用户来消费其他产品的利润上，用消费次数来摊薄成本，并锁定长期用户的消费。

说到锁定长期用户，就不得不再次提到餐饮界的带头者——西贝莜面村，毫不夸张地说，西贝莜面村至少"圈粉"500 万个。

在第 4 章中介绍了西贝莜面村。它从 2017 年开始做私域流量运营，现在实体店铺的粉丝至少有 500 万个，这里的粉丝是指个人微信号上添加的好友，是可以随时触达的粉丝。

关于具体怎么开展活动引流，在 3.1 节有比较详细的介绍，这里想补充说明一下用户沉淀对于实体店铺和品牌的影响及价值有哪些。

第一，用户在我们自己的手里，我们可以随时随地触达。用很多线下企业老板的话说，至少在做活动时，可以少印很多传单。

第二，经营一家实体店铺不止为了卖产品，经营用户大于经营品牌，在私域流量池中，我们更看重人。用户并不是到店里才开始享受服务，离店后就和店铺没有关系了。

7.3.3　其他行业的实体店铺怎么做私域流量运营

孩子王是一家主要聚焦于线下的母婴品牌。孩子王在官网的介绍中，特地强调了其是一家"数据驱动的，基于用户关系经营的创新型家庭全渠道服务商"。孩子王的CTO（首席技术官）何辉也表示，孩子王从成立之初就把公司定位为一家深度经营会员的企业，用情感与会员建立联系，不断地满足会员多样化的需求。

孩子王的私域流量运营策略正是基于其强大的会员经营能力的。经营会员是孩子王在过去10多年一直在做的事情，只是现在有了多样化私域流量运营工具的帮助，能够更好地了解用户。

孩子王主要通过微信朋友圈广告连接小程序转化，同步应用微信公众号+个人微信号+社群的组合拳，将线上的内容、产品与孩子王的实体店铺紧密相连，助力每个实体店铺实现闭环营销。

母婴行业的流量成本还不算太高，而开篇提到的教育行业的流量成本上涨得尤为迅猛，很多线下教育公司都遇到了经营问题。

与新零售的用户消费频率高、人群范围广大相径庭，教育企业仅通过店内引流很难直接实现有效的用户增长，产品的客单价高，转化周期长，通过广告投放的方式很难控制流量成本。因此，很多线下教育企业将目标放在了用户裂变和低阶产品引流上。这类企业确实更适合做私域流量运营。

除了用户经营和高客单价产品转化，私域流量运营在线下企业的应用中还有什么妙用？

有些企业用个人微信号搭建了客服中心。传统的客服工作是接/打电话，一个客服人员在某一个时间段只能服务一位用户，沟通起来耗时，有时候仅靠语言又不能表达得很清楚，服务效率比较低。现在很多企业在线上商城中都嵌入了在线客服，点击即可连线，很多在电话中说不清楚的内容，用一条视频、一张图片就很容易沟通清楚了。这样既提高了效率也不需要那么多客服人员了，通常两三个人就能管理几十个微信号，可以实现一个地区的售后服务。

在引导用户添加客服人员为微信好友后，店铺上架了新品，客服人员发一发微信朋友圈消息，就节省了一笔广告费。

本章小结

（1）线下企业更迫切地需要流量。

（2）实体店铺是流量金库，要充分利用好线下的天然优势，不要放过每个用户转化成"客户"的可能。

（3）实体店铺引流已经很成熟了，企业主要跟得上时代，做有效的引流。

（4）只要真诚地给予用户补贴，用户就一定会感受到企业的诚意。

（5）做私域流量运营不一定多花钱，可能节省了很多广告费。

第 8 章

线上企业的私域流量运营

第 7 章主要介绍了线下企业的私域流量运营及案例，不同于很多线上企业本身大部分都是互联网化的，对于移动端的市场营销有着天然优势，线下企业对于私域流量运营的学习和转型也更加积极热情，那么与此同时，先人一步发展的线上企业，又是如何进一步玩转私域流量运营的呢？

下面先普及一个公域流量和私域流量组合运营的概念。顾名思义，公域流量和私域流量组合运营就是同时利用好公域流量和私域流量，将两者很好地融合，在这个概念中，可以衍生出无数种新玩法。

8.1 公域流量和私域流量组合运营

看到了这里，想必你对私域流量的概念已经十分清楚了。私域流量通常会沉淀在个人微信号、微信社群、微信公众号、App 等中。公域流量主要存在于内容平台、电商平台、信息流网站等，常见的有抖音、快手、淘宝、京东、百度等。将这两大类流量体系融合，会产生怎样神奇的化学反应呢？

8.1.1 幸福西饼居然没有实体店铺

本书开篇就介绍了关于私域流量运营的 AARRR 模型，前两步的用户获取（Acquisition）和用户激活（Activation）其实就是公域流量运营，而后面的用户留存（Retention）、用户变现（Revenue）和用户推荐（Refer）则属于私域流量运营。

在一场线上营销活动中，如果能采用多渠道经营的模式，充分利用好公域流量和私域流量运营组合，那么会产生怎样的效果呢？我们来看一下幸福西饼的案例。

想必你在电梯里看到过如图 8-1 所示的海报。

图 8-1

第 8 章 线上企业的私域流量运营

幸福西饼难道不是一家传统的糕点店吗？让人意想不到的是，这家做糕点的公司竟然用的是以线上为主的商业模式。幸福西饼于 2008 年在深圳创立，起初也是一家传统的实体店铺，直到 2014 年幸福西饼创始人袁火洪做了一个决定——实体店铺将不再售卖产品，只作为体验店存在，幸福西饼的经营模式转为电商 O2O。在 2014 年，幸福西饼砍掉实体店铺的决定是非常有魄力的。

在这个决定下，幸福西饼的发展如何呢？自 2015 年开放品牌合作以来，幸福西饼先后覆盖了全国 200 多个城市，包括深圳、上海、北京、广州、澳门等，建立了 400 多个分布式制作中心，这种以制作中心为主，而非门店的零售形式真的奏效吗？用户是从哪里来的，又在哪里呢？幸福西饼在线上开拓了包括自有团购网站、App、微信公众号，甚至天猫等多个营销渠道，其中仅微信公众号就有 200 多万个粉丝。这些线上粉丝带来的业绩可观吗？据公开数据显示，2018 年母亲节的单日销量达 85660 个，同比增长 338%。

在线上也能开糕点店。我们一起来分析一下，没有实体店铺，用户从哪里来？幸福西饼是如何获客的？答案就是采用了公域流量和私域流量组合运营的打法。除了前文提到的电梯广告等户外广告，幸福西饼也通过淘宝、美团、京东、抖音等公域平台提高品牌影响力，获取新用户。图 8-2 就是幸福西饼在美团外卖上的流量入口。在用户进入后，幸福西饼通过微信公众号、个人微信号、小程序、微信社群等工具沉淀用户，再进行留存、裂变和转化来提高单客价值，提高用户黏性和复购率，并不断促成"老带新"。

同时，幸福西饼将公域流量和私域流量的运营数据打通，让数据流动起来，让品牌既能从公域流量中获取用户，又能将用户沉淀形成私域流量池，最大化地挖掘存量用户的价值，提高公域流量的使用效率。幸福西饼通过不同形式的运营组合产生新型营销策略，形成企业统一的流量资产管理，直接或间接带来业务增长。在玩法上，公域流量运营可以用低流量成本获得高价值的新用户，而私域运营则可以通过免费的、常规性的方式运营存量用户，这样的组合方式可以充分挖掘存量用户的价值，通过精细化运营的方式做用户增长。

图 8-2

通过电商数据、到店数据及会员数据的打通，我们可以验证不同渠道、内容、营销策略下的转化率，不仅可以优化公域流量的触达效率，还可以验证公域流量中用户的转化率。

8.1.2 在流量组合运营下，引流和沉淀可无缝连接

公域流量是私域流量的基础。能否真正成功地搭建私域流量池，更重要的还是品牌所提供的服务是否达到了用户的预期，我们在公域流量和私域流量运营的组合下，总结出了下面这个观点。

公域流量运营引流用户，私域流量运营沉淀用户。线下企业和线上企业的玩法有些不同，线下企业通常会在社区、商圈范围内，通过地推活动、发传单等形式，告知用户添加店员为微信好友即可得到一个小礼品，或者将传单或优惠券带到店里，就可以享受某个套餐的超值服务。线下企业还可以通过实体店铺导购员的引导，将实体店铺的自然流量添加至个人微信号或者微信公众号上，将社区的公域流量、实体店铺的自然流量转化成品牌的私域流量。

第 7 章详细地介绍了线下企业的私域流量运营，而线上企业一般都会在微信公众号、抖音、快手、小红书等公域平台开设自己的账号，用于品牌宣传、活动营销等，用品牌声量积累自己的用户，再进行投放引流、异业合作等，将平台流量或其他品牌的流量引入自己的账号，最终将其转化为私域流量。这种存量带增量的模式，也就是我们俗称的活动裂变。活动裂变通常通过赠送奖品活动的噱头，引发用户关注和参与。参与活动的方式很简单，用户在微信朋友圈分享指定海报即可，这就很好地借用了自家品牌私域流量池内的用户去触达更多的用户，从而将其他潜在用户引入品牌的私域流量池。

对于线上企业来说，个人微信号也是不错的流量池载体。个人微信号的运营门槛低，添加微信好友、发布微信朋友圈消息、聊天几乎是所有商家都在用的运

营方式。企业微信是个人微信号的一种，但企业微信可以使用标签和群发的功能，在使用上与个人微信号的操作几乎没有区别，也可以做用户运营和互动转化。腾讯对企业微信的政策相对宽松，没有添加好友的限制，所以很多企业试图将个人微信号上的流量转移到企业微信上。

企业可以将包含企业微信二维码的活动海报进行传播，对该活动感兴趣的用户就会扫码添加企业微信好友。对于企业来说，每一个添加了企业微信的用户就都变成了企业的私域资产。对于公域流量中的用户来说，他们看到了海报，并通过二维码入口沉淀到了企业微信中，这就是一次私域化过程。在这个过程中，企业微信不仅充当了用户沉淀的载体，同时也提供了一个不错的消费场景，因为企业微信都是有员工认证身份的，所以用户对企业也多了一份信任依据，更有利于促成消费。

企业微信虽然能成为用户信任的一个依据，但我们不建议已有成熟个人微信号用户资产的企业做二次迁移。企业的流量池稳定也是用户信任的重要依据，同时企业也会额外付出迁移用户的时间成本。

8.2 线上企业在流量组合运营中需要注意哪些陷阱

在公域流量与私域流量组合运营时，我们应该特别注意什么呢？下面这几个方面的小提示或许可以帮助你避开一些陷阱。

1. 关于私域流量的定义

在我接触的一些线上企业中，很多老板会这样理解私域流量，"我们早就在做私域流量运营了，我们企业有千万级的私域流量，仅在微信公众号上就有 200 万个粉丝，在天猫店铺中有 300 万个粉丝，在抖音、微博等新媒体平台上加起来也有 100 多万个粉丝"。一个比较"扎心"的事实是，其实这些都不是企业的私域流量，只能说是用户数据。

不知道你是否还记得，在第 1 章中给出的私域流量的定义。私域流量是可以随时触达，自由控制，能够被反复使用且免费的高度私有化流量。以上几个要素是充分必要条件，是缺一不可的。除此之外的流量，都不是私域流量。一些线上商家普遍理解的在电商平台或内容平台上积累的粉丝，包括上文提到的在微信公众号、天猫店铺、抖音账号、微博账号等中的粉丝都不是私域流量，但这些流量也是很有用处的，我们可以把这些流量理解为待开发的"存量"。

2. 关于社交广告投放

市面上比较常见的社交广告投放方式有 CPA（Cost Per Action，每次行动成本）合作和 CPS（Cost Per Sales，按销售付费）合作。CPA 合作通常是指在一次投放后，按投放带来的新用户数量结算，而 CPS 合作则是投放后，按照实际产生的产品销售额结算，这种为投放效果直接负责，按效果付费，有保障的合作模式，深受甲方喜欢。其实这也是一个陷阱，短效的利益很容易让甲方迷失，如果只考察一次投放的投入产出比（Return On Investment，ROI），那么我觉得这种考核过于简单粗暴，不够精细化，最重要的是并不具有长效性。

推广获客、分享裂变等环节，都是获取并沉淀私域流量的绝好时机。尤其对于社交广告投放来说，不仅要关注单次广告投放的投入产出比，还要关注广告投放带来的用户生命周期价值。比如，商家花了 1 万元进行广告投放，单次广告投放带来了 100 个新用户，并产生了 2 万元的销售额，如果商家只考虑这 1 万元的利润，那就是丢了西瓜捡芝麻。

私域流量运营的思维是，在获得用户后，甚至在用户产生消费行为后，依然要想办法让这些用户留存下来，未来再让其产生裂变和复购的可能。

3. 关于电商分销的陷阱

如图 8-3 所示，很多线上电商企业在尝试做分销，尤其是多级分销，但分销是不是层级越多越好呢？我想提醒各位企业主，千万别掉进分销的坑里。为了实现更多用户的分享裂变，很多企业会尝试将分销下发至三级，甚至更多级。我们专门长期观察过关于分销层级的这个问题，通常三级及以上的分销都是多余的。首先这种方式是有一定法律风险的，其次不利于企业激励员工或头部 KOC，并且只要分销超过三级，员工就会开始偷懒，他会认为只要能发展下线，自己就可以不努力了，通过对比多家企业的销售数据，通常做得好的分销，两级就足够了。

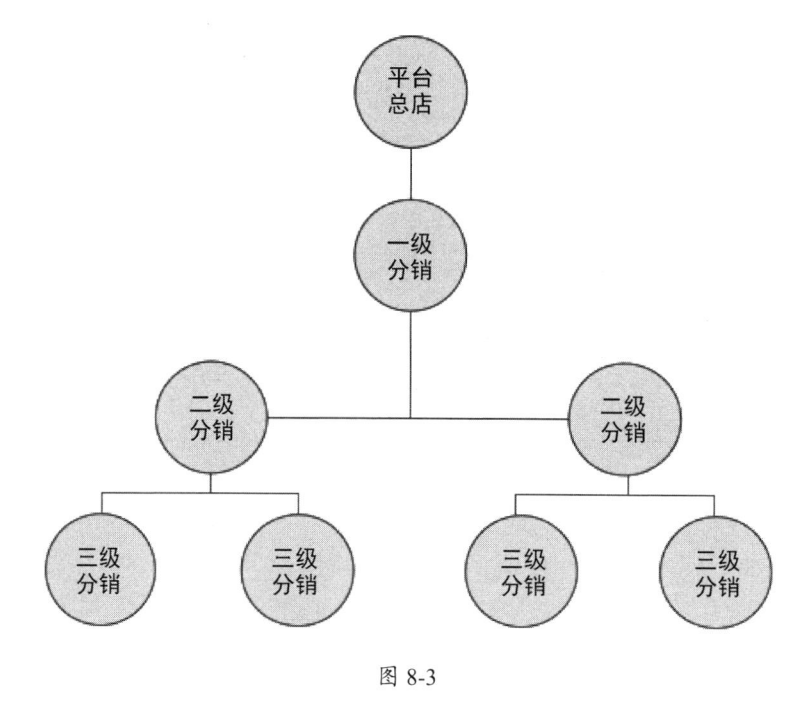

图 8-3

4. 关于用户精细化运营的陷阱

对于从公域引来的流量来说，若只靠产品和低价来连接用户，用户是很容易流失的，如何让用户很好地留存下来，真正变成品牌的私域流量呢？本质上还是要进行用户精细化运营，做好用户标签管理，根据标签提供给用户想要的服务和内容，这样才不会让用户和品牌的关系只停留在买卖层面。

5. 关于适用行业的陷阱

在第 2 章中已经进行了详细介绍，如果你的产品的使用频率高、客单价低、消费决策周期短，那么可以大胆地尝试一下私域流量运营，而对于教育培训类和定制化服务类产品来说，往往只要企业对目标用户做一定的分析和洞察，找到适合的流量载体平台，并匹配好相应的内容，就能有效地用私域流量运营促成用户购买和转化，做到品效合一。

8.3 公域流量和私域流量组合运营中的重要环节

在上文提到的公域流量和私域流量组合运营中，有哪些环节是需要我们格外关注的呢？下面主要介绍三个部分的内容，即用户标签管理、数据中心的建立和"人设"的定位。

8.3.1 用户标签管理

目前，市面上常见的用户标签管理就是对社群的管理，将有相同标签的用户集合到一个社群里。这样做还不够精准，社群标签怎么打？如何才能实现更有效的用户标签管理呢？下面提供一个思路，社群通常可以按用户数量分为以下三类：200 人以上的泛会员群、30 人左右的精准小群和多对一服务的转化群。

（1）200 人以上的泛会员群。你可能接触过一些线上课程，基本上都有 200 人以上的泛会员群。图 8-4 和图 8-5 为我之前做的关于私域流量解决方案的线上直播课，建立的也是一个 200 人以上的听课群。

（2）30 人左右的精准小群。30 人左右的精准小群一般是对课程感兴趣的核心用户群，用于在线上集中进行答疑及引导。目前，有很多教育培训类的机构通过精准小群的形式，与学生及家长建立联系，让用户进一步了解机构的课程、服务和产品。

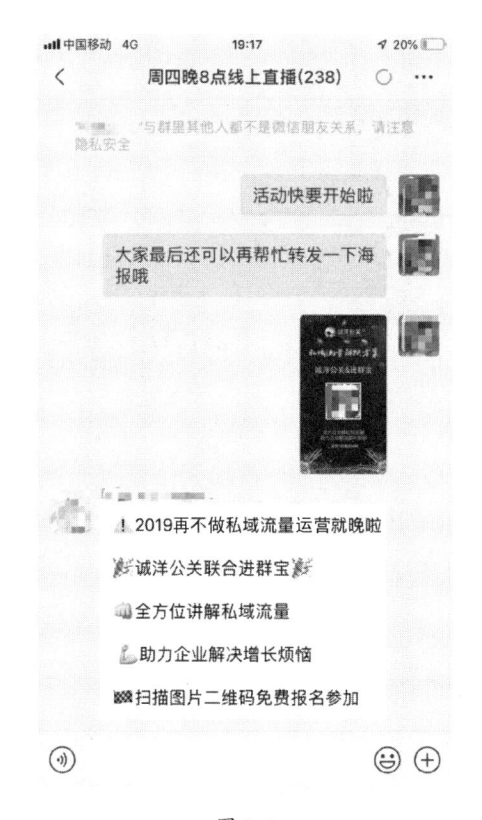

图 8-4

图 8-5

（3）多对一服务的转化群。在这个社群里通常会有多个工作人员同时对接一个个人或企业用户，通过多部门协作解决该用户对产品由内到外的所有疑虑，提供深度服务，以实现转化目的。通常一个10人左右的销售团队，可以用这种方式同步服务上万个用户，每新增一个用户，都会新建一个该用户专属的私人VIP服务群，群内有产品顾问、销售顾问、技术顾问、客服人员等，基本上可以做到4~6个不同身份的员工同时为这一位用户服务。

第 8 章 线上企业的私域流量运营

在社群内,每个人分工明确,各自负责解决自己专业领域分类下的产品问题,同时会同步一些案例,把用户所属行业里的顶尖玩法和行业资讯随时同步给用户。这种服务不仅体现了企业的专业性,还很好地与用户建立了信任关系,这时销售顾问再进一步催单。这种 VIP 服务群的模式,创造了一种独特的场景,比起 200 人以上的泛会员群和一对一私信沟通的方式,更创造了一个新型的社群生态。公司的 4~6 人服务用户,让用户享受到尊崇的满足感,也为最后付费转化助力。

下面再来看一下在运营活动中,对新增用户的标签化管理。图 8-6 为我们做的某次裂变活动的后台数据。可以看出,我们为获取的用户根据来源打了标签。这是根据宣传海报上匹配的不同的推广码,给用户根据来源打的标签。我们当时把宣传海报分别投放到了 QQ 社群、微信社群及 5 位 KOC 的微信朋友圈,通过这些用户标签就可以很容易地监测到用户来源,同时判断哪个渠道最有效,也能知道广告投放中哪一半的钱是没用的。

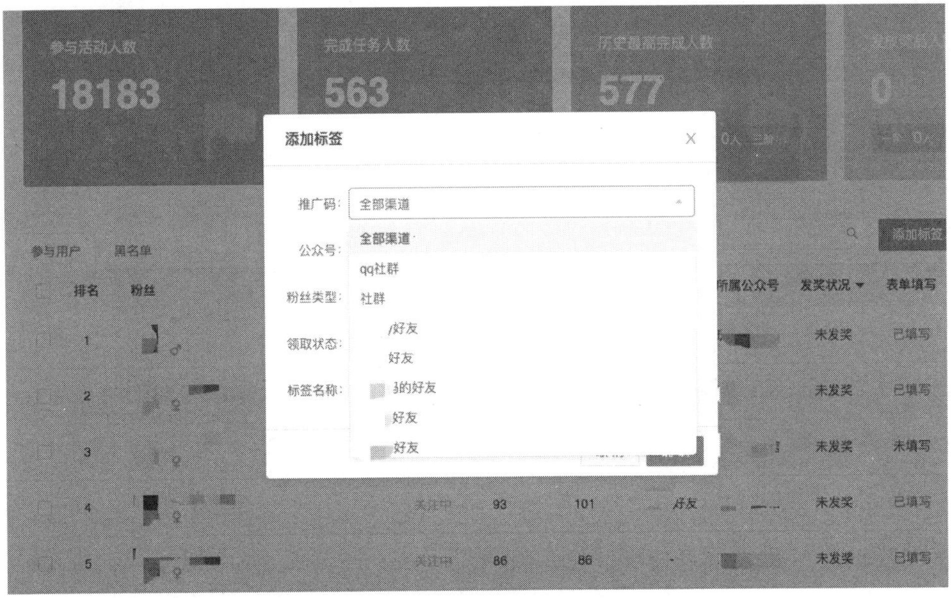

图 8-6

同时，对粉丝类型打标签，我们就可以清楚地知道用户是分别在哪个阶段流失的，流失人数是多少。这样就可以在下一次活动中，有针对性地进行优化。如图 8-7 所示，可以将粉丝类型分为活动拉新、参与未推广、推广未完成、完成一阶、完成二阶和完成三阶几类。如果粉丝类型是参与未推广，那么代表这位粉丝自己参与了活动但未进行推广，可能是裂变诱饵对他不具有强吸引力；如果粉丝类型是推广未完成，那么代表这位粉丝推广了活动，但该粉丝在自己好友中的影响力可能不够，导致推广未果。有了这些标签，我们也可以专门建立有影响力的会员小群来继续裂变，以获取用户并进行转化。

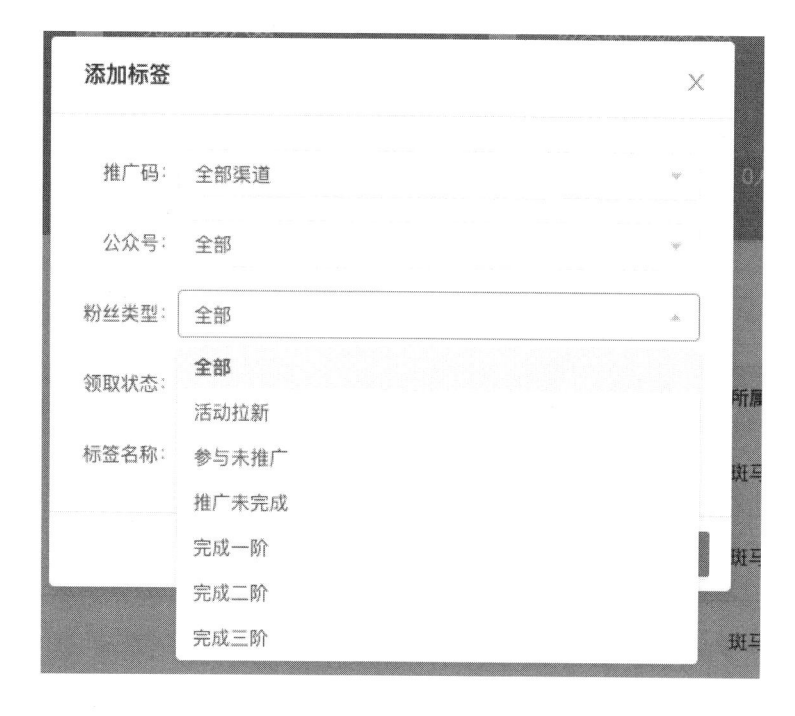

图 8-7

8.3.2 数据中心的建立

企业要具有识别多端用户重合的能力，如企业 App 的用户，是否也在微信公众号、抖音等平台出现过？不管用户是从微信公众号来的，还是从抖音来的，企业能否知道用户的来源及用户的重合度呢？

只要企业有需求，就可以通过技术手段来实现。有了技术，企业就能更加高效地做公域流量拉新和私域用户的运营。这就是数据中心建立的必要性，通过数据中心识别用户的手机号或 ID 等信息，再应用技术手段，进行统一整合打标签。有了这些数据，企业就可以根据个体画像，以及群画像来打造更加精准的运营策略了。

在私域用户运营层面，企业要首先实现多私域的跨端打通归一，即微信公众号、小程序、App 等私域用户的统一聚合，然后将聚合后的多终端私域用户打上特征标签，实现对私域用户的精细化管理，最后按照用户的喜好及习惯特征进行多通道触达，按不同的用户标签，做相应的内容推送。企业只要做到了精细化运营，就一定能引起用户的关注，从而实现跨端私域用户运营。

私域用户运营最核心的作用就是服务于用户增长，而如何有效地触达和运营用户，对企业来说是重中之重。单一的触达已经不能满足当下企业的发展了，所以企业需要按照用户的习惯，利用不同的触达手段去触达用户。同时，私域流量数据也是一项重要的资产，有了标签就可以快速地检索和提取不同标签下的用户群体，且可以多次复用。比如，企业可以找到有购买意愿且多次浏览，但并未成功下单的用户，集中地为他们制定用户激活策略，或者根据数据显示，自定义设置给习惯在晚上 9—10 点打开小程序的用户，推送他们感兴趣的内容，用户会很愿意接受并参加活动。

私域流量运营的活动往往是由线上发起的。围绕私域流量数据搭建的技术平台，可以在活动过程中，对用户的各种交互行为进行分析。技术平台会根据用户行为路径及兴趣标签等结果，把这些用户分别沉淀到不同的流量池中，形成一个从拉新到转化的全流程数字化的经营管理模式，形成稳固闭环，这也是十分重要的工作。只有将做活动的经验通过数据留存下来，有了足够的数据作为分析基础，再通过大数据更自动化、更智能地应用这些数据，产品迭代优化的速度才会加快，从而提高企业经营管理效率。

品牌企业在运营私域流量时，要多站在目标用户的角度充分地考虑选取何种流量池载体沉淀用户。微信自不必说，大多数人都在用，但对于社交电商、直播短视频等载体平台的选择，企业还应该多思考以下几个问题，以避免盲目尝试。

例如，沉淀私域流量的载体平台是否支持运营活动传播、是否具有完备的数据后台、能否实现精准人群触达。平台能否为企业提供长期运营私域流量的支持和生态合作机制，企业的目标用户是否会经常在该载体上活跃和停留；该平台能否监测在不同时段下用户的活跃指数，能否监测用户对不同内容模块的喜爱度，以及该平台是否具备符合企业品效期望的目标用户浓度基线等。如果选择了这个平台，在何种前提条件下，该平台上的目标用户浓度对企业的私域流量运营活动效果最好，以及平台上不同的 KOL/KOC 对于目标用户的聚集能力是否足够好，平台上哪些 KOL/KOC 的目标用户浓度高，谁的 ROI 更好。

以上几点是企业在进入私域流量运营实操前，应当深入思考和调查的，要充分了解清楚，以便有效地节约营销创新过程中的试错成本，使相关营销活动从策略制定到落地执行的全流程都更有针对性。

在私域流量时代，制作抓眼球的"爆款"内容固然重要，但企业在不断开脑洞做创意的同时，更要注重对用户体验的数字化管理能力建设。用户的偏好会受到舆情热点、流行时尚、口碑传递等影响，一次成功的"爆款"设计并不代表每次都可以成功，这需要企业能够找到针对各个载体平台，适合自身私域流量运营品效诉求的"套路"，而不是靠每次押宝式的"爆款"设计，这样才能不断地进行高效的用户增长。

在运营过程中，企业要及时捕捉和留存目标用户的互动行为数据，做到全流程数据在线，进而依托大数据技术，搭建对用户体验的分析洞察模型，快速总结出能够针对不同的目标用户，产生吸睛和转化效果好的内容素材和营销打法，形成可配置、可大规模进行 A/B 测试、可动态分析和算法调优的数字化营销能力支撑，不断积累能够对私域流量运营和转化产生助力的实操"套路"。同时，数据可视化相关功能，也更方便企业进行用户留存和内容调整。企业要将这些成功的"套路"不断地积累于营销系统中，形成一个高效的数字化营销体系，而不是将这些经验仅仅分散地留存在不同的活动执行者的脑海中。

8.3.3　"人设"的定位

关于"人设"的部分前文有一些介绍，下面介绍线上企业打造的几种常见的"人设"。

第一类是客服"人设"，也就是购物助手。客服要利用私域流量运营，为用户提供商品/活动信息，满足消费者希望获取丰富信息、享受更多实惠和便利服务的需求。客服可以建"会员群"，帮助用户及时积累积分并定期兑换奖品，还可以通过微信朋友圈发布企业活动信息进行营销引流，通过私聊快速地解答用户在购物中的任何疑问。

第二类是比较高级的私人管家"人设"。私人管家通过私域流量运营的方式提供即时服务，为用户提供专属的 VIP 服务，策划个性化专属活动，全方位地满足用户的诉求，并提供丰富的情感关怀，成为用户生活的一部分。在完美日记的案例中，我们介绍的小完子"人设"，就是这种私人管家的设定，与用户一对一深层沟通，建立朋友般的关系。

用户添加这些不同"人设"为微信好友的路径是不是也有差别呢？一般来说，我们在淘宝店铺咨询产品的过程中，大概率会添加第一种客服为好友，而如果你在微信朋友圈看到了一篇专业性十足的文章，通过扫描底部的二维码添加了一位微信好友，他就很可能是一个私人管家"人设"的好友，比如我们之前打造的母婴专家"人设"，在我们发布的《不同年龄的宝宝在喝奶粉时，主要在获取哪些自身所需要的营养成分》文章中，底部就会放上这个母婴专家的微信二维码，因为全文中只讲知识干货，不涉及某个品牌的产品，这样反而会引发用户对这个领域知识的学习欲望。这时，用户再添加这个专家为微信好友，有任何关于这个领域的问题，都会向专家咨询。这个专家长期以一个私人专家顾问存在于用户的微信好友中，后续的转化自然会很轻松，不仅能实现多轮触达和转化，而且这种私域流量运营的转化也显得更有温度。

8.4 私域流量运营还能帮助企业做什么

不同于线下企业正处于私域流量运营的红利期，线上企业则对私域流量运营的应用更早，也更广泛。未来的趋势必定是线上和线下融合，在线下寻求在线上拓宽渠道，在线上寻求落地开花，结合得将会更加紧密。

关于线上企业的实战在前文也有不少列举，在本章的最后，给大家分享一下私域流量运营还能帮助企业做什么？

私域流量运营可以实现商家与用户、用户与用户间的沟通交流。

电商作为承接商品与用户间连接的渠道，需要一个平台去承接这两者，不论是App还是社群，企业都要找到适合承接用户的平台，而私域流量池就是这样一个很好的平台，被广泛应用着。

私域流量运营可以快速、准确地传递信息。

2020年，线下培训机构为了避免人群聚集而停止营业，各地的大中小学纷纷延期开学,但是停课不能停学,线上教育开始被广泛接受。ClassIn、EduSoho、沐坤科技等在线直播平台均免费开放技术能力。新东方的几十万个学生已经开始陆续进入新东方线上直播系统"云课堂",上万个老师也从线下教学转到线上教学。

众多培训机构也推出免费课程,通过降低体验门槛来增加在线教育产品的使用率,给用户留存和转化带来了巨大的机会。

我们一起来看看,改为在线教育后,发生了怎样的变化。

(1)在线教育使得知识获取更加便捷。线上课堂让学生在家里或者任何地方都可以学习,不需要到固定的教育场所。

(2)在线教育让学生可调取的资源更多、更好。在整合了全球教育资源后,学生可以找到哈佛大学和耶鲁大学老师讲的课,只要老师们愿意把自己的课程分享到互联网上,学生就可以获取最优质的教育。

(3)在线教育让知识实时同步,无限回放。学生不断地反复学,节约了时间成本。信息的获取更便捷,减少了很多等待时间。

私域流量运营可以实现多样化的内容交互。

在线上教育被更广泛接受之前,知识付费行业应用私域流量运营,得以快速发展。其本质就是把知识变成产品或服务,以实现商业价值。知识付费有利于人们高效地筛选信息,在付费的同时激励优质内容的生产。各种知识付费平台纷纷涌现,使得内容更加多样。平台的内容创作者以去中心化的形式发散,但每个内容创作者也是一个中心,在这个中心下粉丝们就组成了一个私域流量池,实现自由交互。

私域流量运营加速了定制化服务的发展。

自20世纪90年代开始流行的定制化营销是应消费者对消费个性的追求而产生的。越来越多的用户需要定制化服务。

消费者的需求不具有规律性。定制化服务则需要完全针对每个消费者的具体需求设计出一套营销方案，即"一对一营销"。在私域流量运营被应用之前，定制化服务几乎很难实现，而在私域流量运营过程中，我们可以通过技术手段，在与每个消费者沟通的过程中，利用获取的关键词及信息记录来整理需求方向，并对用户进行标签化分层管理，实现对多个有个性化需求的用户进行服务定制。

本章小结

（1）由于线上企业更早地进行私域流量运营，所以已经升级到私域流量运营2.0，即组合运营。

（2）有了私域流量运营的加持，传统的线下企业也能转型为线上企业。

（3）公域流量和私域流量的数据打通，让品牌既可以从公域流量中获取用户，又能把用户沉淀形成私域流量池，最大化地挖掘存量用户的价值。

（4）公域流量是私域流量运营的基础，公域流量运营引流用户，私域流量运营沉淀用户，是完美的组合。

（5）线上企业在流量组合运营中需要注意关于私域流量的定义、社交广告投放、电商分销和用户精细化运营的陷阱。

（6）如果你要做社交电商分销，那么两级分销足够了。

（7）用户标签化管理、数据中心的建立和"人设"的定位是公域流量和私域流量组合运营的重要环节。

（8）通过对用户打标签，企业不仅可以判断用户来源于哪些推广渠道，还能知道用户是在何时流失的。

（9）在营销过程中企业应该及时留存与目标用户的互动行为数据，做到全流程数据在线。

（10）有些专家身份的"人设"，其实并不会让用户产生反感，反而是用户真正需要的。

（11）私域流量运营可以实现商家与用户、用户与用户间的沟通交流。私域流量运营可以快速、准确地传递信息，可以实现多样化的内容交互，加速了定制化服务的发展。

第9章

在私域流量时代，人们的工作和生活发生了哪些变化

私域流量运营可以帮助企业更好地获客和转化。随着私域流量时代的到来，人们的工作和生活悄无声息地发生了怎样的变化呢？私域流量运营可以帮助企业走出困境吗？带着这些问题，我们一起来看一下在私域流量时代，市场发生了怎样的变化。

9.1 市场消费环境的变化

2020年开年，中国乃至世界各地暴发了新型冠状病毒肺炎疫情，改变了人们过往的生活状态和生活方式，也改变了整个市场的发展方向和格局。

第 9 章　在私域流量时代，人们的工作和生活发生了哪些变化

"宅"不再是属于少数人的生活方式，从小孩到年轻人，再到老年人，都在被动地适应"宅"生活下的移动互联消费行为习惯。

线上买菜、线上办公、线上上网课、线上问诊买药……或许大部分人都没有想到，某一天竟然会如此地依赖互联网。2020 年，移动互联网撑起了人们日常生活的半边天。

消费者上网的时间和网购比例均有所增加。随着线上用户数量激增，各大品牌商也迅速适应市场，将营销重点转向了线上社交，发展电商，加大对线上的营销推广力度等。可以预见，用户的消费方式逐步从"以实体消费为主"转变为"以线上消费为主"。线上消费日后会成为主流，实体店铺将以体验店的形式作为对线上消费的补充。这个发展方向和格局的变化，带来了流量属性的变化，即从公域流量获取私域流量的变化，从泛流量变现到流量社交与互动化的变化。

现在来回想第 8 章中幸福西饼的案例，幸福西饼转战线上的决策，可真是极具前瞻性的决策啊！

9.1.1　现金流是企业发展的核心

提到企业在 2020 年战略发展的调整，就不得不提到航空业的"随心飞"产品。

2020 年，整个航空业遭遇"黑天鹅"。在冲击之下，航空业积极适应新环境并调整业务形态。2020 年 6 月，东方航空公司推出了"随心飞"产品，用户自购买之日起至 2020 年年底，可以任意乘坐所属航空公司的国内航班，飞往除港澳台之外的国内各大城市。随后，南方航空公司、海南航空公司等也相继推出了类似产品，如图 9-1 所示。

图 9-1

人们减少了出行，机票的销量自然就减少了。企业要想办法快速适应市场变化，回笼现金。于是，"随心飞"产品就出现了。在东方航空公司发布"随心飞"产品的当天，官方购买通道一度拥挤瘫痪，随即网上出现了"黄牛"高价倒卖票的情况。可以看出，这个产品还是很受用户欢迎的。我认为该产品的核心是"周末不限次"与"国内任意飞"两个关键权益，在通常情况下只需飞一两个往返就能赚回票价。

根据东方航空公司提供的数据，截至6月24日，拥有"周末随心飞"权益的旅客就已经成功兑换超过10万张机票。

面对这个"不可抗力"，各大企业都在积极地应对这种局面，我认为这是人类对抗困难的一场全新革命。营销的核心就是要在适应市场消费环境的前提下，做到"有创意、够胆量"。

航空企业逐步复工复航，然而要想彻底扭转困局依然很难，现金流固然重要，除了这种营销方式，私域流量运营又能给我们带来怎样的帮助呢？

9.1.2 这是一个全民线上消费的时代

实体店铺的生意不好做。各大企业都在各出奇招。

首先，我们来看看用户的消费行为发生了什么改变。

用户的消费习惯有了巨大的改变。网购成了消费者的主要购物形式。在电子商务和在线支付完备的基础上，中国消费者的网购需求得到了充分的满足。根据国家统计局官网公布的数据显示，2020 年 1—4 月中国社会消费品零售总额为 10.68 万亿元，比 2019 年同期下降 16.2%，其中实物商品的网络零售总额为 2.56 万亿元，增长了 8.6%。中国消费者的消费习惯明显从线下转向线上。

看来大家都养成了网购的习惯。用户需求的推动，也使得电子商务发展得更为迅速，尤其是在 2020 年上半年很多电子商务类企业实现了跳跃式的发展。从京东 618 的数据显示，京东超市的销售额同比增长 100%，而生鲜类商品的网购销售额同比增长 140%。

人们的消费习惯正在逐渐适应新时代，而线上消费习惯也表现出了持续性的趋势。正是因为这样，对于企业主来说，线上流量好像是闪闪发光的金矿，无人不知它的价值，无人不渴望将这些流量变现。

9.1.3 "80 后""90 后"成为消费的主力军

除了人们的消费习惯改变，消费者属性也发生着变化。每年春节在大城市打工的"80后""90后"都回家过年了,由于2020年新年假期的延长,让大家有更多的时间留在家中,承担起了为家庭网上购物的重要责任。据京东大数据显示,从2020年以来,超过70%的"80后""90后"消费者已经从"自己网购"转变为"为全家网购"。同时,很多年轻人教会了家人网购,在一定程度上推动了电子商务的发展,将移动互联网快速向下沉市场普及,甚至触达到了乡镇,进一步向广大低线城市渗透。

根据京东超市在2020年公布的数据显示,厨房已成为年轻人的花钱重心,例如,年轻人购买的厨房用纸与去年同期相比翻了一倍。他们保护家人健康的意识显著增强。数据显示,年轻人购买一次性清洁产品同比增长34倍,消毒产品增长340%。

9.2 今天你的企业直播带货了吗

用户的消费习惯发生了巨大的改变,"80后""90后"成了消费的主力军,企业要如何发展呢?

用他们喜欢的方式(即直播带货)促成销售!

这些从出生开始就被移动互联网所"包围"的年轻人,更习惯在线上进行生活娱乐、社交,甚至购物。直播带货应运而生。这一新型购物方式极大地受到消费者支持,同时也是各大企业争先选择的一剂救命良药。

早在2019年,直播带货已经形成了一条较完整的产业链,核心模式是通过主播触达消费者,连接产品,搭建消费场景,加速消费者决策的一种线上消费模式。简单来说,直播带货类似于传统的电视购物,可以更真实地还原消费者线下的购物体验,通过主播更自由地展示及讲解来影响用户的购买决策。消费者选择看直播购物的原因主要有三点：一是价格便宜；二是对主播或明星的信任，相信购买的产品是品质好、有保障的；三是在直播的场景下，消费者受到主播情绪的感染。

随着直播带货产业的成熟，越来越多的企业加入了这个潮流。2020年3月，加拿大时尚品牌PORTS（宝姿）开启了一场直播带货，直播当天有超过130万个观众在线观看，销售额累计超过1000万元；2020年5月，格力电器的董事长董明珠亲自上阵直播带货，当晚实现7.03亿元的销售成绩。

直播带货真的能带来这么棒的效果吗？应该怎么做才能达到这样的效果呢？我们一起来看一下下面的直播带货案例。

9.2.1　直播还可以这么玩

先来看几个有趣的案例。

（1）2020年7月，拼多多直播卖房子，4个多小时卖出600多套。

海雅集团联合主持人华少，在拼多多的"百亿补贴"与"限时秒杀"两大频道直播卖房。拼团用户可以享受八折购买优惠，可以在五折的房源直播间进行秒杀，拼多多共计补贴1亿元以上。用户在线支付意向金后，即可锁定相关名额，再预约线下选房。4个多小时的直播，吸引了超过72万人观看，拼多多共售出600多套房子。

（2）新世相发起了一场直播带货，带货产品是"汉服"，实现了672.7万元的销售额。

如图9-2所示，2020年7月28日晚，新世相在抖音开启"国风新浪潮"专场直播，邀请杨迪担任首席发现官，由女团SNH48成员孙芮担任国风推广官，还邀请了知名音乐人银临、十三余品牌创始人小豆蔻儿亮相助阵。

（3）一个关于品牌直播的案例。图 9-3 所示是麦当劳和快手联合举办的一次超长时间的直播活动，借助高考热点，持续直播 72 小时。对于很多品牌来说，高考是塑造品牌年轻化的关键营销节点。在这场品牌争夺年轻人的"大考"中，麦当劳联合快手，做了一场 72 小时的直播。这是一个很好的传播案例。在活动期间，直播间的总观看人数高达 1862 万以上。

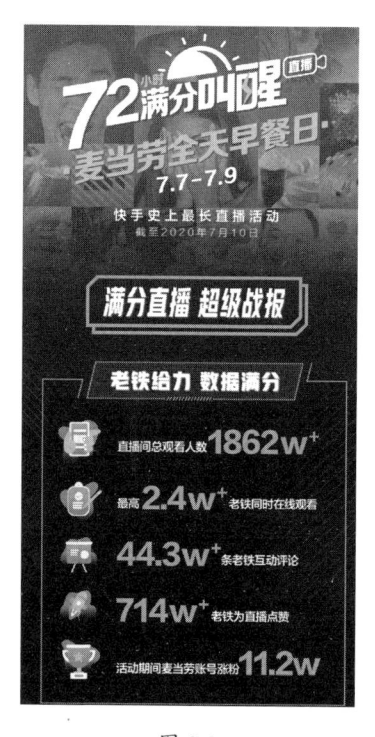

图 9-2

图 9-3

这场直播的内容策划，也做到了极致的用户分层。这场 72 小时的直播分为美味、美妆、脱口秀、职场、高考、能量、嗨值、深夜 8 大专场。借助快手近 30 位达人的圈层渗透，这场直播满足了不同身份、不同圈层、不同年龄段用户的观看需求，内容精细化，是很值得学习的用户管理的直播案例。

比起传统的内容形式，直播的形式无疑拥有更好的实时性、互动性和陪伴感，也是一种更好的社交方式。很多品牌尝试直播，希望借此培育出一种崭新的与用户交互的模式。

9.2.2 微信看点直播，为私域流量运营开辟新出路

在这场直播热浪中，各大品牌都行动起来，除了能为用户带来更便利的视觉体验，在直播平台的选择上，也要充分考虑用户体验。利用微信看点直播，可以达到不错的直播效果，同时也便于沉淀大量的私域用户。

微信看点直播小程序在功能和服务上有什么独特之处吗？

看点直播是一个面向微信体系内部的内容创作者和商家的直播工具。用户使用看点直播小程序，可以在小程序上直接实现订阅账号、观看直播和视频回放等功能。具体来看，微信生态内的直播具有以下三个重要的优势。

1. 无须下载

由于该产品是依托微信小程序所搭建的，所以用户可以通过微信号的授权直接注册，无须下载 App，使用起来更方便、快捷，对直播账号和内容的选择门槛及观看门槛都比较低，直接在品牌的官方微信公众号的推送文章中点击小程序即可订阅和观看直播。

2. 精准地定位人群

微信生态内直播可依托腾讯平台独特的数据洞察能力。图 9-4 所示是保时捷的首款纯电动跑车 Taycan 的全球首秀直播。保时捷凭借精细化的洞察，通过微信朋友圈广告的投放，将直播的活动信息定向投放给了对活动感兴趣的人群，吸引用户点击，从而增加了直播的触达范围和用户的转化率。据统计，朋友圈广告曝光 3000 万次以上，直播间观看数十万次。

图 9-4

3. 便于用户沉淀

这次直播活动也是一次从公域流量向私域流量转化的展示。使用微信的人群庞大，其生态内的海量用户本身形成了一个巨大的公域流量池，品牌通过微信个人号、微信社群及微信公众号积累的忠诚粉丝是其自有的私域流量。如何从公域流量中获取自己的私域流量的呢？保时捷一方面通过微信朋友圈广告的定向投放，另一方面通过微信这个信任度高、传播快的社交场景，很快地盘活了微信生态内的公域流量，从而实现了从公域流量到私域流量的快速转变和裂变。这些举措不仅大大地增加了直播间的流量，更重要的是完成了一次品牌声量的提高与用户资产的沉淀。

直接面向消费者（Direct To Consumer，DTC）是很多品牌这几年的重要战略之一，如果能激活更多微信端的用户，就有助于实现直接触达消费者和与消费者

第9章 在私域流量时代，人们的工作和生活发生了哪些变化

互动的目标。直播无疑是很好的形式，选好平台同样至关重要。说到底，各大品牌都是为了激发用户更高涨的观看需求，然后用合适、有效的内容满足用户需求。在这个基础上，微信平台也有便捷、好用的支付工具作为基础设施，更有助于付费模式的摸索。

另外要注意的是，目前大部分品牌的社群运营都是基于微信生态建立的。之前很多商家表示，他们选择直播平台的一个重要标准就是看是否支持微信内的点击跳转观看，因为许多社群用户都沉淀在微信端。少一步跳转，就少一些用户流失。在这种情况下，微信生态内的直播便有了先天优势。商家能够把微信公众号、小程序、微信朋友圈、社群的流量直接引导到直播中集中变现，还能很好地与微信生态内的传播推广进行整合串联。看点直播在以上几个方面都有明显的优势。

目前，微信也正投入较大资源来推广微信生态内的直播产品，无论是微信朋友圈、微信公众号文章还是小程序，都有广告位可以直接点击进入看点直播小程序的页面。同时，看点直播还能直接借助微信支付的优惠券系统，让商家在直播间很好地使用这类营销工具。支持了电商直播带货的微信，为各大品牌实现品效合一，提供了一条新型、便捷的路径。

图 9-5 是在微信朋友圈中看到的直播活动置顶功能，微信视频号直播强行置顶微信朋友圈的功能，引发了网友热议。如果直播是未来的发展趋势，那么微信已经沉淀了大量的用户，直接推广加非跳转直播的组合，必然会带来不错的商业效果。

2020 年，似乎各行各业都在尝试做直播，而保时捷的案例告诉我们，在"全民直播"的背景下，选对了渠道依然能取得事半功倍的效果。保时捷通过看点直播小程序将品牌直播与微信生态有机串联，开辟了一条基于微信生态的新型社交路径，从线下到云端，借助微信生态为新车发布直播活动量身打造的双链路径，使品牌在声量与直播流量上获得了双重提高。

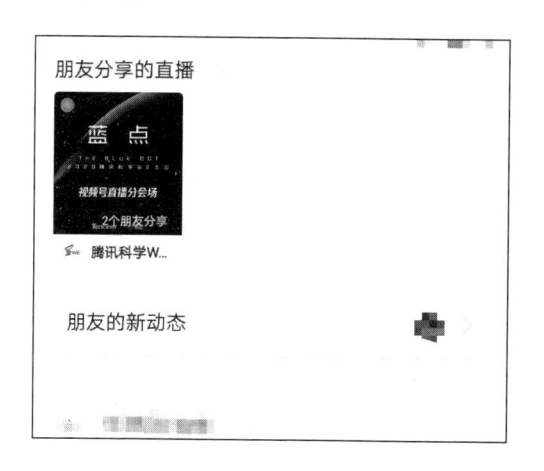

图 9-5

什么是双链路径？首先是直连看点直播小程序路径，用户看到了品牌投放的朋友圈广告，进入品牌的官方微信公众号，就可以直接跳转到小程序，这使得用户进入直播间的路径"最短化"。通过在微信生态内的私域流量运营为直播活动高效引流，小程序可以一键授权注册，缩短了烦冗的流程，让用户快速进入直播现场，仅通过简单地点击便可以从微信公众号直接进入直播间，直播内容唾手可得。同时，平台也可以满足多元化的用户需求，多素材轮换也可以辅助用户依照个人喜好来订阅直播，随时随地选择最喜欢的内容。

其次是从微信公众号到直播小程序的路径，通过在微信朋友圈或公众号文章底部投放广告，引流至品牌的官方微信公众号完成跳转，是第二条路径的动作重点。利用微信精细化的数据洞察能力，通过 Banner 广告将直播的活动信息定向投放给对活动感兴趣的人群，并凭借精美的视觉素材将用户引流至官方微信公众号，通过微信公众号的入口进入直播间，这一链路更全面地向更多人展示了此次活动的详细介绍和品牌初衷，从而催化"种草"效应，在维护品牌原有粉丝的基础上，为品牌打造了高效的"扩容流量池"。如此一来，不仅快速地增加了私域流量池的用户，而且助力品牌实现从公域流量到私域流量的"短平快"转化，在优化活动效果的同时，强化了品牌力，促进了品牌声量，实现了有效传播。

9.2.3 "私域电商+直播"的转变

即便曾经稳如泰山的实体行业，现在也开始寻求改变。站在浪尖上的互联网人是这场变局中最先受到冲击的一批人。从长远来看，从现在开始布局私域流量运营，对运营能力强的企业及个人而言，是更有利于持久发展的。

与每次都需要支付费用的公域流量相比，私域流量具有的只需开发一次、后期维护，即可永久免费使用的特点，无疑是备受青睐的。

其中，最有效的打法，就是"私域电商+直播"，其可分为以下几个步骤：

第一步，以品牌背书、个人分享等形式将用户从公域引流到私域沉淀。由于都是精准流量，因此转化率能够得到大幅提高。

第二步，建立直播间转化。整个直播的流程也在帮助企业或个人激活并沉淀自己的存量市场，源源不断地为企业或个人输入"活水"，逐步建立起自己的"流量池"。

第三步，在打通流量渠道后，企业只需要保证货源的稳定性，就能实现赢利。在这一环节中，企业可以选择与私域流量运营平台合作，将自己的产品上架至平台，由全网的私域商家帮忙一起销售，在最大化利用自有流量的同时，全面开发平台上的流量。比如，很多客户会选择大范围地在小红书 App 上投放 KOC 广告，就是应用了 KOC 的自有流量。

"私域电商+直播"的打法在移动互联消费时代，最显著的效果就是节省了流量成本。以往无论是直播带货还是其他形式的广告投放，都需要花钱买"一次性"的公域流量，而且每次都要重新购买，这就像一个"无底洞"。私域电商却将这种模式彻底打破了，将线上和线下的私域流量导流至直播间，解决了流量成本问题，再通过精准"过滤"，企业就可以得到真实、有效的流量并逐步积累，既省钱，又赚钱。

当然，直播带货不是万能的。淘宝头部主播直播卖火箭也只是一个噱头。做好内容营销也一样能达到不错的转化效果。直播带货一般更适用于低价产品的销售，而内容营销则侧重于性价比，两者既有相同之处，也各有差异，这要根据企业及个人的实际情况进行选择。

9.2.4 直播+社群+小程序+私域流量运营的组合

越来越多的企业选择通过直播和社群营销的方式来带动销量，这几乎成了企业谋求用户增长的刚需。针对当前的直播带货热潮，这种公域流量+私域流量的组合运营是如何应用和具体起作用的呢？

先介绍一下公域流量和私域流量的组合运营，即公域流量获取+扩大私域流量池+公私域组合玩法+精细化运营。企业可以用这一系列操作来提高私域流量运营的转化率。

在微信生态内，企业用微信朋友圈广告、小程序广告等诸多公域流量入口来拉新用户，在获取更多新用户的同时，激活品牌原有沉寂的老用户，实现扩大品牌的私域流量池的目的。当私域流量池扩大后，企业再通过小程序、社群、直播带货等多种公私域线上玩法的组合，进行精细化用户运营，以实现私域流量的转化，并进一步沉淀品牌的流量池，获得数据资产。

在这个过程中，公域流量池作为基池，提供庞大的用户基数，是扩充私域流量池的抓手，而私域的用户又可以通过自己的社交关系网来不断反哺公域流量，一传十、十传百，在这种营销裂变下，公域流量中潜在的用户人群很好地沉淀在了私域流量池中，同时实现了裂变式的用户增长。

在直播中如何具体应用呢？我们来看一下以直播为主的私域流量运营打法，即直播+社群+小程序+私域流量运营的组合。

在这个组合中，不仅个人微信号可以作为沉淀私域流量的载体，社群同样承担这个职能，在供应流量和持续复购上，两者相互协作，帮助企业进行更加精细化的高效运营。

小程序商城与直播带货则是转化工具，两者的分工略有差异。小程序商城适合在长尾期来转化用户，直播带货更适合做短效的活动变现。这两者都具有裂变势能，因此可以获得更多的新用户，反哺到私域流量池中，进行"续航"，将这些用户的消费数据同步反馈到 SCRM（Social Customer Relationship Management，社会化客户关系管理）系统，不断地进行用户数据的积累和更新，形成私域运营管理的超级闭环。

直播带货是私域流量运营中获取流量、促进购买的重要工具。观看直播的观众沉淀到企业的微信社群中，可能会基于社群本身做裂变传播，继续为直播活动引流，也可能会形成购买，来到企业的小程序商城中，这就是直播+社群+小程序+私域流量运营的组合下的用户路径。在这条用户路径中，每一步的动作都可能直接影响下一次直播带货的效果。企业可以在为直播间引流的同时，向直播间的用户推送微信社群二维码，将用户沉淀到微信社群中，再通过微信社群内的拼团、秒杀等活动来促进用户活跃和购买。

9.2.5 哪种直播更适合我的企业带货呢

既然讲到了直播带货，那么像 NIKE 采用的这种基于微信内的直播转化模式与其他的直播带货模式有什么不同呢？下面介绍几种常见的直播带货模式。

1. 主播与企业合作直播带货

这种方式比较常见，主播也就是 KOL/KOC，在直播平台上开播，直播平台上的粉丝在线观看，并进行互动完成商品成交。这里通常会应用 KOL/KOC 的自有流量，用直播这种形式引导粉丝了解该商品，主播将商品链接直接上架到自己的直播间界面中，并引导粉丝点击指定的链接完成购买，最后由企业完成商品的物流配送，这更类似于淘宝店的运营模式，如图 9-6 所示。

图 9-6

这个模式要求主播有一定的粉丝基数和商品资源。大部分主播自己没有商品，帮助企业来完成销售。这个模式的优点是，主流直播平台有充足的流量资源，用户对通过直播进行购物的消费模式认可度高，主播的优势是有大量粉丝，这个模式的缺点是,流量与主播和直播平台捆绑,较难依托直播平台积累和运营企业自身的私域流量。直播平台开放给企业的数据应用功能比较有限,且无法在平台外使用,企业每次组织直播带货活动,都需要给 KOL/KOC 采购费用和官方电商站内营销推广的费用。

2. 企业主自己开设直播账号并进行带货

不借助任何 KOL/KOC 的自有流量,沉淀下来的用户就是企业自己的私域流量。对于这种直播带货的方式,企业需要有专人来负责直播这项工作。用户在电商平台上的某品牌旗舰店中挑选商品时,看到了店铺的直播,导购员正在用直播的形式引导消费者发掘更多的产品卖点,如图 9-7 所示。用户可能会因为看了一场企业直播成为该品牌长期、忠诚的粉丝,未来可能会购买该旗舰店中更多的新产品。

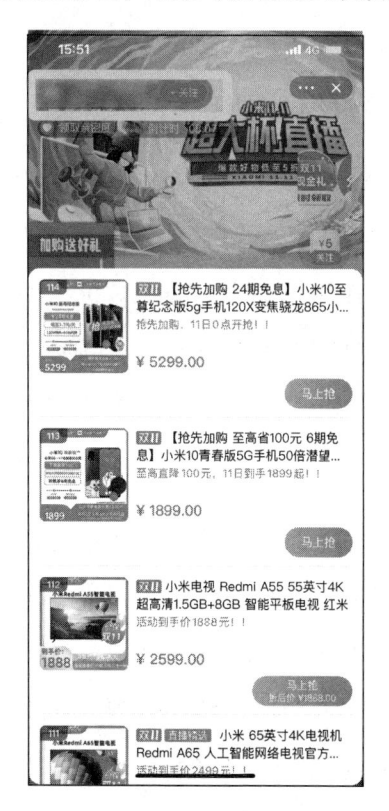

图 9-7

在这个模式下，企业要有稍微专业一点的人做主播，且后续可以进一步转化和利用沉淀下来的粉丝。该模式的优点是电商平台有充足的流量资源，利用主播"吸睛"加上合理的促销，能够很好地推动电商渠道的营销转化。同时，企业可以依托电商平台提供的数字化用户管理和运营工具，积累和经营企业在该电商平台上的私域流量。缺点是业务场景和流量限于单一的电商平台内，相关数据无法出电商平台，企业无法跨不同的电商平台积累私域流量。

3. 除了主流直播平台，还有基于微信小程序就能观看的直播

用微信小程序做直播载体是有一定优势的。比如，依托微信生态，活动推广和用户触达都更便利。再比如，不论是在微信公众号推文中，还是在微信社群中，都能直接打开并分享小程序中的内容，在内容环境上十分有优势。在购买方面，选择小程序直播也可以直接在微信环境中完成支付，加速引导了消费者产生购买。图 9-8 是水星家纺基于微信的直播示意图。

该模式的优点是可以充分利用微信生态内丰富的交互场景，并通过"老带新""口碑分享"等裂变营销活动和小程序跨微信社群转发的功能，灵活、有效地激活企业私域流量池的自增长能力。企业可以通过微信平台的全流程营销，采集、追踪用户行为数据，消费者数据也完全由企业所有。企业可以跨渠道打通用户数据，对用户数据进行深入挖掘和建模，搭建针对自身私域流量池的自动化营销能力和数据闭环管理能力。

该模式的缺点是前期需要进行获客投入、私域流量积累。企业需要自建小程序及配套的数字化管理平台，梳理和搭建营销过程中需要的数据采集、数据标准化管理机制，并实施。企业需要建立承接相关业务、数据、技术需求的组织和团队。企业可以通过对用户数据的深入分析和建模，更快地找到符合自身产品和消费者特点的电商直播营销套路，减少业务创新成本，进而在竞争中获得主动。

第 9 章 在私域流量时代，人们的工作和生活发生了哪些变化

图 9-8

企业的营销主战场已经转为线上，可以预料在未来两年大量企业会在用户增长的压力下，加大线上营销的预算，这势必导致从公域流量中获客愈加昂贵，基于企业自身搭建私域流量池势在必行。

9.3 在私域流量时代，运营核心的改变

制定合理的品牌营销策略，用私域流量运营进行品牌营销推广必将加速推动企业的发展。企业可以通过这种运营方式的改变，把生意做大、做好、做简单。

9.3.1 私域流量运营要贯穿产品的整个生命周期

在私域流量时代，用户对产品和服务的质量、体验等要求越来越高，传统的品牌定位及营销方式慢慢地失去了往日的效果。吸引流量和流量变现在移动互联网时代，更成了令许多运营者头疼的事情。

私域流量运营不应该发生在产品或服务成型之后，而应该前置，甚至在产品研发阶段就要开始着手了。在产品研发和种子用户测试等过程中，企业更需要做好私域流量运营。企业要先与用户建立直接的联系，然后在小范围内做测试和迭代。当产品量产或服务体系形成之后，企业应当将产品投放给更大的用户群体，需要在公域流量中投放广告。可见，单一的私域流量运营是无法支撑这个阶段的营销诉求的，产品和服务需要更多地触达潜在用户，再借助营销平台，通过公域流量精准地锁定目标用户群。

9.3.2 企业微信成为私域流量运营的核心工具

我们都知道私域流量运营离不开微信生态这个核心，一些运营工具的不稳定也会造成企业资产损失。企业微信的官方定位是连接，连接人与服务，企业微信让员工用被认证的身份来为用户提供服务，无疑形成了一个核心触点。

在常见的餐饮、地产等传统线下行业的商业模式中，当业务只单一地在线下发展时，它的抗击能力就会比较弱。也就是说，如果企业与用户接触、沟通、互

动受到物理场所的限制，就会限制用户运营的空间。

企业微信就是私域流量运营中的核心触点。企业利用企业微信既可以向用户展示自身的产品和业务，又能通过用户标签化管理了解用户的基本情况和购物偏好，还可以连接到 App、网站、小程序等多渠道的内容。这就形成了一个以企业微信为核心的立体模型，实现了去中心化发展和内容跨界，最后将用户全部导流到企业微信上来服务和运营。这就形成了企业自己的私域流量池。企业快速地完成了用户标签化，最终实现了对核心用户的运营，进一步变现。

下面来看以企业微信为主的一套私域流量运营打法，即企业微信+小程序+直播+社群，这个组合发挥价值和作用的底层逻辑与"信任"和"迅速"息息相关。

一是信任。直播带货打破了传统的交易信任，在直播场景下重新与用户建立一种信任关系。直播让一些企业以前所未见的面貌出现在消费者眼前。我们常说交易基于信任，举个简单的例子，在实体店铺购物时，商家经常说"我的店在这里，跑不了。"这句话可以顶得上线上广告狂轰滥炸般建立起来的信任。直播则将冰冷的品牌 Logo 换成了活生生的人，潜台词变成"我每天都在这里直播带货，你昨天也在直播间见过我，可以信任我。"因此，这一组合的最大价值在于帮助企业和用户快速建立信任关系。

二是迅速。该组合帮助企业实现了"广"和"快"。在微信上，企业可以迅速、广泛地围绕能触达的用户，建立起企业微信社群，在微信中识别二维码是一件完全没有"违和感"的行为，可以说微信是天然、便捷的引流工具。"先添加微信好友，我们以后聊。"这让私域流量运营成了产品成交和提高用户黏性的制胜法宝。

总结一下这几个工具的特点和逻辑：企业微信可以将线上用户资产化，直播带货则模拟了品牌与用户见面时的场景，而社群利用了熟人模式，小程序充当了

235

一个服务角色。企业在各个场景中都应用着企业微信+小程序+直播+社群的组合运营，这些运营步骤就反映了企业建立流量池的全过程。

在第 7 章中曾提到过天虹的线上转型，可谓是一个成功的案例。天虹在直播带货领域也可以作为一个不错的案例。借助小程序和企业微信，天虹做了一个"千人千面"小程序电商，为每个导购员都提供了基于企业微信的专属的小程序，这相当于每个导购员都有一个自己的店铺。每个商品也都与该导购员绑定，当用户成功付款后，页面会直接跳转并展示导购员的企业微信，让用户快速地与导购员建立联系。

对于大多数普通导购员而言，企业微信是帮助其完成销售任务的法宝：可以随时随地发起直播带货，也可以转发到外部社群，用户还可以看直播回放。此外，微信本身可以提供支付服务，从微信支付的结果页可以直接跳转展示导购员的微信二维码，协助导购员将用户发展为其专属服务的线上会员。

企业的线下运营受阻，就要快速转战线上，通过线上用户运营寻得新的发展。不管是选择直播带货还是选择小程序商城转化，只要根据自己的产品属性，选择最高效的公域流量和私域流量的组合运营方式，就能在这场战役中立于不败之地。

9.4 私域流量时代的新机会和新调整

9.4.1 企业"线上+线下"组合经营

传统的实体店铺在建立了自己的私域流量池后，可以用个人微信号+社群+微信朋友圈+小程序来组合营销，发布产品相关信息和生活信息，提高用户对实体店铺及产品的品牌归属感和信任感，这就相当于新增了一家线上店，店的效能就可能翻倍。从赚钱的角度来看，赢利=转化率×客单价×复购率。

第9章 在私域流量时代，人们的工作和生活发生了哪些变化

私域流量运营其实就是围绕转化率、客单价、复购率三个要素进行优化。

1. 提高转化率

提高转化率的核心是设置合理的转化路径。比如，很多企业开始学习利用社群来进行产品销售，尤其是需要用户充分思考后再决策的产品，如教育类和保险类的产品。在社群运营中，首先需要设置好关于产品的内容介绍，这里的内容包括群内的话术、用个人微信号私聊用户的话术及微信朋友圈的图文信息等，这些内容会起到相互衬托、相互成就的效果，可能会带来较高的产品转化率。其次，还要确保在讲解产品的过程中，为群内用户营造出积极消费的气氛，如果群内的购物气氛好，转化率就会高。

2. 提高客单价

用户是否购买产品，除了和产品本身有关，也有自己的思考逻辑，即产品冲动消费逻辑、产品需求消费逻辑和产品信任消费逻辑。比如，在选购一款客单价低于 100 元的产品时，很多用户是容易冲动消费的，这就是产品冲动消费逻辑。用户在选购一款客单价为几百元，甚至几千、几万元的产品时，就会本能地思考到底需不需要这个产品。这时的思考逻辑就是产品需求消费逻辑。私域流量运营是长期的运营和维护，这些时间成本会让用户产生信任，用户在私域流量池中消费时首先的想法是相信这家公司或者这个人，这时的思考逻辑就是产品信任消费逻辑。

3. 提高复购率

私域流量和公域流量有很大的区别，即使用权和所有权分离。使用权和所有权这两个概念的区别可以被理解为买房和租房的区别。在公域体系内，每次触达用户都需要花钱，比如用信息流广告的形式。但在私域体系内，只要是自己的流量，就可以多次触达，这就提高了复购率。

9.4.2 私域流量运营将成为企业未来营销和经营的核心

从中国消费市场发展的 100 年来看，市场营销经历了三个阶段的迭代，如图 9-9 所示。

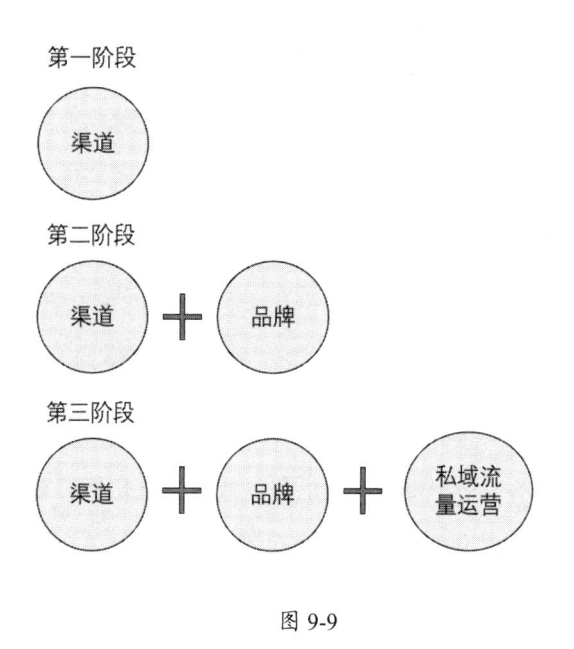

图 9-9

第一个阶段是单纯的渠道式市场营销，即渠道为王。比如，一些常见的快消品牌，会让产品进驻多家便利店，这种品牌行为就属于渠道式市场营销。产品拥有的渠道越多，就会卖得越多，越赚钱。

消费者通过渠道购买产品，但企业根本不知道他下次什么时候会再次到店购买，用户消费是随机事件，企业无法预知明天的生意如何。在渠道式市场营销中，企业很难营销，这导致了在过去的几十年里，市场营销的效率持续低下。

第二个阶段是渠道加品牌营销，也就是单靠渠道的力量已经不够了。用户的选择多了，企业就要开始发力打造品牌了，要提高品牌辨识度，突出品牌差异化。

第9章 在私域流量时代，人们的工作和生活发生了哪些变化

这个阶段的弊端是企业只是单纯地做内容，以品牌曝光为主，靠曝光来占领用户心智，但占领了用户心智后，很难监测到后续转化，无法追踪和沉淀用户。

第三个阶段就是渠道加品牌加私域流量运营的组合了，信息不对等的时期已经过去了，在市场逐步透明的环境中，企业需要有自己稳定的流量，才能把生意做好。比如，小米的米粉发烧友、飞鹤的星妈会和三只松鼠的全球坚果后援会都是很好的例子。

在市场竞争陷入"红海"的今天，部分优秀的企业已经尝试将渠道和品牌所能触达的用户都拉到企业的私域流量池中，实现了从市场营销的第二个阶段跃迁到第三个阶段。

在渠道端的营销除了过去单纯的线下到店消费，企业也会将用户拉进企业的会员系统或者微信社群中来进行后续的优惠券发放，优惠券会对用户产生二次刺激，提高复购率。在品牌方面，除了过去的纯曝光，企业还会将每一次品牌活动以二维码的形式触达用户，使用户沉淀到企业的微信公众号、小程序、微信社群中，而这里提及的微信公众号、小程序、微信社群等用户沉淀工具，都是与私域流量运营相结合的。

私域流量运营可以让来自渠道和品牌端的流量，形成拉新、留存、活跃、转化、裂变的正向循环。对于企业而言，私域流量运营很好地弥补了渠道和品牌两者无法沉淀用户的功能缺陷。

处于第三个阶段的企业有哪些是值得我们学习的呢？我们一起来看一下飞鹤的例子。

飞鹤是奶粉业的后起之秀，在树立了国人对中国奶粉品质的信心上，飞鹤做

了不少功课。通过全年 30 万场线下地推活动，每年教育 500 万个中国用户，飞鹤逐渐恢复了消费者对国产奶粉的信心，同时沉淀了几万个妈妈群，这才有了"飞鹤星妈会"，飞鹤的社群沉淀了将近 1000 万个真实、精准的宝妈用户。

买奶粉的妈妈们在养育宝宝的过程中会遇到无数问题，飞鹤请来了专业的儿科医生给她们讲解和普及相关的知识，并持续与她们互动，再进行转化。通过这样的社群营销，飞鹤用了三年的时间实现了营业额从 30 亿元到 100 亿元的飞速提高，企业估值也从 2013 年的 20 亿元增长到了 2019 年的 1000 亿元。

现在还停留在第一个阶段的企业，除了垄断渠道和资源的企业，绝大部分企业已经被淘汰了；处于第二个阶段的企业，在渠道+品牌打法红利期的时候，收获不小，但现在如果还不前进，那么一定会掉队。

你的企业现在处在哪个阶段呢？

本章小结

（1）2020 年，是私域流量运营加速发展的一年。

（2）在私域流量时代，市场消费环境产生了巨大的变化：企业急需现金流、线上消费成了主力、消费者以"80 后""90 后"的年轻人为主。

（3）线上消费已然成为习惯。

（4）电子商务更加向下沉市场普及。

（5）直播带货被极大程度地接受，越来越多的人喜欢看直播并产生消费行为。

第9章 在私域流量时代，人们的工作和生活发生了哪些变化

（6）直播的时机、内容和渠道的选取，是同等重要的。

（7）在三种常见的直播带货形态中，选择适合自己企业的方式最重要。

（8）近些年，越来越多的企业追加线上推广的预算。

（9）私域流量运营要贯穿产品的整个生命周期。

（10）私域流量运营给企业带来了新的机会，也将成为企业营销和经营的核心。